Miguel de Unamuno

Niebla

Adaptación didáctica y actividades por **Serenella Quarello**

Ilustraciones de **Ivan Canu**

Redacción: Massimo Sottini
Diseño y dirección de arte: Nadia Maestri
Maquetación: Carlo Cibrario-Sent, Simona Corniola
Búsqueda iconográfica: Alice Graziotin

Primera edición: enero de 2016

Créditos fotográficos: Shutterstock; Istockphoto; Dreamstime; Thinkstock; JMN/Getty Images: 4; © Peter Erik Forsberg/Marka: 6; © Classic Vision/Marka: 33; © Kevin George/Marka: 35; © Jesús Nicolás Sánchez/Marka: 36; MONDADORI PORTFOLIO/RUE DES ARCHIVES/PVDE: 60; Private Collection/© Look and Learn/ Bridgeman Images: 93, 96; Ann Ronan Pictures/Print Collector/Getty Images: 95; LOURDES MARIA MARTINEZ ARONSON/Album/ MONDADORI PORTFOLIO: 110; © SONY PICTURES/WebPhoto: 111ar; CRICK PICTURES LLC/MANDATE PICTURES/THREE STRANGE ANGELS/Album/MONDADORI PORTFOLIO: ab; MONDADORI PORTFOLIO/RUE DES ARCHIVES/AGIP: 123.

Para cualquier sugerencia o información se puede establecer contacto con la siguiente dirección:
info@blackcat-cideb.com
blackcat-cideb.com

The design, production and distribution of educational materials for the CIDEB brand are managed in compliance with the rules of Quality Management System which fulfils the requirements of the standard ISO 9001 (Rina Cert. No. 24298/02/S - IQNet Reg. No. IT-80096)

Impreso en Italia por Litoprint, Génova

Índice

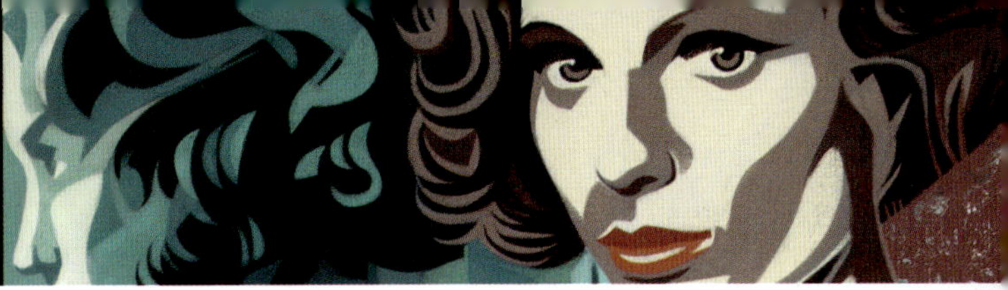

Texto íntegramente grabado.

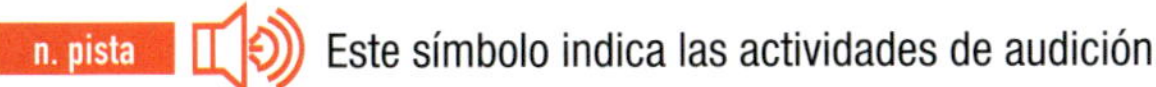

Este símbolo indica las actividades de audición.

DELE Este símbolo indica las actividades de preparación al DELE.

Miguel de Unamuno

Miguel de Unamuno y Jugo nació en Bilbao el 29 de septiembre de 1864. Vivió gran parte de su vida en Salamanca, donde le concedieron la cátedra de Griego en la prestigiosa universidad y el encargo de rector. En Salamanca se entregó a la ciudad, a la enseñanza y a la familia. Debido a su postura crítica frente a la dictadura de Primo de Rivera y a la monarquía de Alfonso XIII, fue destituido y desterrado a la isla de Fuerteventura, de donde huyó para refugiarse en Francia. Al caer la dictadura regresó a su encargo, que ocupó casi hasta su muerte. Al estallar la Guerra Civil Española, en 1936, apoyó durante un breve período a los nacionalistas, porque veía en el cambio la esperada regeneración del país. Cuando se dio cuenta de lo que estaba pasando, cambió completamente de opinión y declaró claramente su oposición a la ideología franquista en el entrañable discurso de apertura del año académico, en el paraninfo de la Universidad de Salamanca. Frente al grito falangista de «¡Viva la muerte y muera la inteligencia!», Unamuno se sintió herido moralmente y pronunció la famosa frase: «Venceréis, pero no convenceréis. Venceréis porque tenéis sobrada fuerza bruta; pero no convenceréis, porque convencer significa persuadir. Y para persuadir necesitáis algo que os falta: razón y derecho en la lucha». Fue destituido y condenado a vivir sumido en la tristeza, encerrado en una casa del rectorado en arresto domiciliario hasta su muerte, que ocurrió el último día de diciembre de 1936.

Maestro de la **Generación del 98**, fue hombre de profunda humanidad, dominado por hondas preocupaciones existenciales y contradicciones interiores que lo llevaron a perder la fe, manifestar ideas socialistas para luego volver, a final de su vida, hacia posturas más espirituales y plantear como única solución a la «irracionalidad de la fe», la «duda», una manera de tener esperanza que «es mejor respecto a la nada».

Junto con el problema de resolver sus conflictos interiores, Unamuno estaba preocupado por su país. «Me duele España» solía decir. Por un lado, había que europeizar España a través de la regeneración social y las reformas, por otro lado, no se podían olvidar los valores tradicionales del pueblo español.

Unamuno fue filósofo, escritor e intelectual, y practicó todos los géneros literarios ofreciendo una trayectoria completa dentro del mundo de las letras: ensayos, novelas, cuentos, poesías, teatro y numerosos artículos.

Fue un fecundo escritor de ensayos: en *Entorno al casticismo* (1895) subrayó la importancia de personajes históricos del pasado de España, la grandeza de los autores del Siglo de Oro y la relación estrecha

entre alma española y paisaje, sobre todo de Castilla (de ahí, *castizo*). Las contradicciones religiosas y existenciales las encontramos en ensayos como *Del sentimiento trágico de la vida* (1913) y *La agonía del cristianismo* (1925) y en novelas tales como *San Manuel Bueno, mártir* (1933). En 1905, con *Vida de Don Quijote y Sancho*, aboga por un nuevo deseo, el de «españolizar Europa» a través del modelo del último héroe de la edad antigua y primero de la edad moderna, Don Quijote de la Mancha, junto con su fiel escudero Sancho, tesoro de sabiduría popular. En ellos identifica una España de fin de siglo que, gracias a la recuperación de sus valores antiguos y a una buena dosis de locura quijotesca, podrá superar la crisis. Su poesía, marcada por los temas de la soledad, del amor y muerte y de la existencia humana, se encuentra en varias recopilaciones, entre las cuales recordamos sobre todo *El Cristo de Velázaquez* (1920), pero también *Poesías* (1907) y *Rosario de sonetos líricos* (1911). El teatro unamuniano no tuvo gran éxito, pero abrió camino al teatro español sucesivo, más íntimo y existencialista. Recordamos *El otro* (1932) y *El hermano Juan* (1929), y el clásico *Fedra* (1918). De entre las novelas destaca *Abel Sánchez* (1917), en la que invierte el tópico de Caín y Abel, y *La tía Tula* (1921) a propósito de la maternidad frustrada.

Niebla

La obra cumbre de Unamuno es *Niebla*, una novela (o "nivola") escrita en 1907 y publicada solo en 1914. Tuvo mucho éxito y se tradujo a muchos idiomas. Hombre capaz de manipular el lenguaje, hacerlo vivo e inventor de nuevas palabras, fue el mismo Unamuno quien acuñó el término «nivola» para identificar su nueva manera de escribir novelas: libre de reglas. La historia es banal: Augusto Pérez, joven burgués apuesto y soltero, decide casarse y "quiere" enamorarse de una muchacha que encuentra en la calle: Eugenia. A partir de ese momento siguen pocas acciones y una narración dominada por personajes y ambientes apenas esbozados que dan, en cambio, gran espacio a las ideas y a los temas centrales: lo absurdo de la existencia, el poder creador de la palabra y el juego literario entre realidad y ficción. Todo un juego de espejos en el que entramos como actores-protagonistas también el mismo Unamuno y nosotros, los lectores. El protagonista, Augusto, no es un verdadero protagonista, sino más bien, un "agonista", un personaje-hombre que lucha, en plena agonía, por su existencia frente a su creador, Unamuno. Augusto vive una vida de inepto, envuelto en la niebla de su monótona existencia, pero con ansia de "serse".

Comprensión lectora

1 Responde a las siguientes preguntas.

1 ¿Dónde nació y dónde vivió Unamuno?
2 ¿Qué encargo importante obtuvo y dónde?
3 ¿Qué le sucedió después del discurso contra el franquismo?
4 ¿Qué géneros literarios practicó?
5 ¿Cómo define Unamuno su nueva tipología de novela?
6 ¿Hay un solo protagonista en Niebla?

Antes de leer

1 **A lo largo del texto encontrarás las siguientes palabras. Relaciona los nombres con las fotos.**

a hormiga
b portal
c criado
d telaraña
e lechuza
f ajedrez

1

2

3

4

5

6

2 **Ahora completa las siguientes definiciones con las palabras del ejercicio anterior.**

1 La .... es un ave rapaz nocturna parecida al búho.
2 La .... es un tejido de red que forma la araña para capturar sus presas.
3 El .... es una estructura exterior de un edificio y sirve para dar paso al mismo.
4 El .... es un juego de mesa en el que se enfrentan dos jugadores que usan 16 piezas.
5 El .... es una persona que sirve a otra en las labores domésticas.
6 La .... es un insecto negro o rojizo que vive en galerías en colonias.

Personajes

De izquierda a derecha y de arriba abajo: **Eugenia, Augusto, la tía Ermelinda, Mauricio, Unamuno, Víctor.**

CAPÍTULO **1**

UN ENCUENTRO ESPECIAL

Augusto, al salir de casa, extendió la mano dirigiendo los ojos al cielo y permaneció un rato así, en actitud estatuaria y augusta.[1] Pero la verdad es que no estaba tomando posesión del mundo exterior, sino que observaba simplemente el tiempo que hacía.

«Sí, llueve» dijo algo molesto al ver la lluvia, pero no porque le fastidiara[2] el tiempo malo, sino porque lo de abrir el paraguas era poco elegante.

«Un paraguas cerrado es tan elegante como es feo un paraguas

1. **augusto** : solemne, que merece respeto y admiración.
2. **fastidiara** : subjuntivo imperfecto del verbo fastidiar, que significa “crear molestia”.

abierto» dijo entre sí. «Los objetos deben ser contemplados: es su función.»

Por fin abrió el paraguas y salió: «¿Voy a la derecha o a la izquierda?»

Augusto no era un caminante, sino un paseante de la vida.

«Esperaré a que pase un perro» se dijo «y tomaré una decisión.» No pasó ningún perro, sino una guapa muchacha y, sin darse cuenta, Augusto se fue detrás de ella.

Al poco rato vio un niño jugando con unas hormigas: «Bah, hormigas, se creen que trabajan y lo único que hacen es pasear. Como los que dicen que trabajan, son todos unos vagos,[3] yo no soy vago porque mi imaginación no descansa nunca. ¿El trabajo? Puah, hipocresía pura.»

Augusto era un joven hombre, apuesto,[4] de buena posición social, más bien rico, rutinario, siempre indeciso y, al fin y al cabo, un inepto.

Al cabo de un rato llegó al portal donde había entrado la chica y le preguntó a la portera:

—Dígame, buena mujer, ¿cómo se llama esa señorita, si se puede saber?

—No es ningún secreto, se llama doña Eugenia Domingo del Arco.

—Y, ¿cómo es que sale sola? ¿Es soltera o casada? ¿Tiene padres?

—Es soltera y huérfana. Vive con sus tíos.

—¿Paternos o maternos? —no le gustaba lo imperfecto a Augusto.

—Yo que sé, sé que son tíos y que ella se dedica a dar lecciones de piano.

Augusto le dio un duro[5] a la portera, que se llamaba Margarita,

3. **vago** : perezoso, que no ama trabajar.
4. **apuesto** : atractivo, que tiene buena presencia.
5. **duro** : moneda de cinco pesetas.

y esta, muy agradecida, se ofreció para darle más información, si lo necesitaba.

«¡Esos ojos! Tengo que apuntarme su nombre, Eugenia, Avenida de la Alameda, 58. ¡Ay, mi Eugenia!» fantaseaba Augusto volviendo a su casa.

Le abrió su criado Domingo, casado con la cocinera Liduvina. Entró y esperó el almuerzo de todos los días: huevos fritos, un bisteque con patatas y, de postre, queso. Mientras comía pensaba en Eugenia y decía:

—Eugenia, no la de carne y hueso, sino mi Eugenia, una aparición, el azar. [6] La vida es niebla. La vida es nebulosa, y de allí sale mi Eugenia. ¡Ay, Eugenia!

—¿Llamaba, señorito? —preguntó el criado.

—No, Domingo, no te llamaba a ti... Domingo... ¡Qué casualidad! Domingo como mi Eugenia: Eugenia Domingo del Arco. ¿Cómo será nuestra boda? ¿Cuántos hijos tendremos? —y se dispuso a escribirle una carta.

Luego regresó adonde vivía Eugenia y, sin darse cuenta, hablando consigo mismo, se cruzó con ella. Eugenia, por su parte, se fijó en él: «¿Quién será este joven? Parece un joven de buena posición.»

Y se creó entre ellos una telaraña de pensamientos mientras seguían en direcciones contrarias.

Al llegar al portal, Margarita le dijo a Augusto que Eugenia tenía otro pretendiente. A pesar de esto, Augusto le dio la carta para Eugenia.

«Ahora mi vida tiene una finalidad: ¡luchar por ella!» pensaba Augusto mientras iba, como cada día, a jugar una partida de ajedrez con su amigo Víctor.

6. **azar** : casualidad, suerte.

—Hoy te has retrasado un poco, ¡tú que eres siempre tan puntual! —le dijo Víctor.

—Quehaceres... [7]

—¿Quehaceres, tú?

—¿Qué te crees, que solo tienen quehaceres los agentes de bolsa? La vida es más complicada de lo que te imaginas.

—O más sencilla —añadió Víctor, mirando a Augusto como a un bicho raro. Nunca lo había visto tan filósofo y sobre todo tan distraído en el juego.

«Y mi encuentro casual con Eugenia ¿no será como el ajedrez, que parece lógico y que, en cambio, es fortuito?» iba pensando Augusto, mientras se equivocaba al mover las piezas: el rey en lugar del peón, el caballo en lugar de la torre.

—No, hombre —le regañó su amigo—, ¡pieza tocada pieza jugada! Si haces eso te como gratis ese alfil.

—Es verdad, es verdad, me había distraído —le contestó Augusto.

—Ya lo veo: parece que estás ausente. No tienes que distraerte mientras juegas al ajedrez: el que juega no asa castañas. No se puede volver atrás.

«Y, ¿por qué no se pueden volver atrás las jugadas? Lo mismo sucede en la vida» pensaba entre sí Augusto. «Acaso esté ya la carta en manos de Eugenia. ¡A lo hecho pecho!»

—¡Jaque! —volvió a interrumpirle Víctor.

—Es verdad, pero hoy no me importa perder y te voy a dar una noticia: ¡me he enamorado!

—Eso ya lo sabía yo —contestó Víctor—. Se te nota en la cara. ¿Es rubia o morena?

7. **quehaceres** : ocupaciones, trabajos, faenas.

—Pues, la verdad no lo sé, supongo que ni lo uno ni lo otro... vamos, pelicastaña.

—¿Es alta o baja?

—Tampoco me acuerdo bien: debe de ser regular, pero chico, ¡qué ojos tan preciosos tiene mi Eugenia!

—¿Eugenia, la profesora de piano?

—Ella misma.

—La conozco —respondió Víctor, riéndose—. ¡Jaque otra vez! —y concluyó la segunda partida.

Los dos amigos se despidieron y Augusto regresó meditando sobre el amor: «¿Cómo puedo haberme enamorado si ni siquiera la conozco... ¡Bah! Lo de conocerse vendrá después. Y para amar, ¿qué se necesita? Verlo perfectamente, entreverlo, en la niebla, al convertirse la niebla en gotas de agua o en granizo, o en nieve. ¡Oh! Y sí, ¡sería como el águila que mira el sol cara a cara o la lechuza de Minerva que ve en lo oscuro de la noche!»

Y meditando en águilas y cosas tan altas, el pobre filósofo dio otra vez con Eugenia sin reparar en ella, y sin más llegó a casa donde cenó y, como de costumbre, jugó al tute [8] con su criado Domingo, al que le preguntó:

—Dime, Domingo, ¿y si yo me caso?

—Muy bien, señorito.

—Sí, muy bien —intervino Liduvina, la cocinera —pero acuérdese de su madre que, como usted es muy bueno, siempre le decía que debía buscar una mujer y esta debía ser ama de casa también: hazla dueña de tu corazón, de tu bolsa, de tu cocina y de tus resoluciones. Pero ahora a la cama.

Y, soñando con Eugenia, se quedó dormido.

8. **tute** : juego de cartas.

Después de leer

Comprensión lectora

1 **Marca con una ✗ si las siguientes afirmaciones son verdaderas (V) o falsas (F).**

		V	F
1	La lluvia le fastidia a Augusto.	☐	☐
2	Augusto sabe exactamente dónde ir a pasear.	☐	☐
3	El nombre de la muchacha misteriosa es un secreto.	☐	☐
4	Augusto tiene recursos económicos.	☐	☐
5	Eugenia no vive sola.	☐	☐
6	Augusto tiene una criada y un cocinero.	☐	☐
7	A Augusto le gusta jugar a los juegos de mesa.	☐	☐
8	Augusto no piensa casarse todavía.	☐	☐

2 **Completa las oraciones con las siguientes palabras y luego ordénalas. Numéralas de 1 a 8.**

niño	**carta**	**portera**	**soñando**
piezas	**paraguas**	**amor**	**portal**

a ☐ Augusto le dio un duro a la ...., que se llamaba Margarita.

b ☐ Los dos amigos se despidieron y Augusto regresó meditando sobre el ....

c ☐ Al llegar al ...., Margarita le dijo a Augusto que Eugenia tenía otro pretendiente.

d ☐ Acaso esté ya la .... en manos de Eugenia.

e ☐ Un .... cerrado es tan elegante como es feo uno abierto.

f ☐ Al poco rato vio a un .... jugando con unas hormigas.

g ☐ Y .... con Eugenia, se quedó dormido.

h ☐ Augusto se equivocaba al mover las ....

Comprensión auditiva

pista 03

3 **Escucha y di quién habla. Marca con una ✗.**

	1	2	3	4
Liduvina				
Víctor				
Augusto				
Margarita				

pista 03

4 **Vuelve a escuchar los textos y marca con una ✗ qué actitud demuestra cada personaje.**

	Liduvina	**Víctor**	**Augusto**	**Margarita**
fastidio				
aviso				
regaño				
desinterés				

Léxico

5 **En el texto se hace referencia a algunos animales, ordena la sopa de letras de cada uno.**

1 ÑARAA .... **3** GUÁLAI ....
2 ROERP .... **4** LACABOL ....

6 **En el capítulo hay cinco palabras relacionadas con el tiempo atmosférico, búscalas y escríbelas al lado de las siguientes definiciones.**

1 Precipitación en forma de glóbulos de hielo que caen con violencia. ....
2 Acumulación de agua que forma una capa extensa y reduce la visibilidad. ....
3 Precipitación en forma de pequeños cristales de hielo ramificados. ....
4 Masa visible suspendida en la atmósfera formada por la acumulación de partículas de agua. ....
5 Precipitación acuosa en forma de gotas. ....

7 **En este capítulo se utilizan algunos refranes y modismos. ¿Qué significan?**

1 Pieza tocada pieza jugada.
- a ☐ No se puede volver atrás después de tomada una decisión.
- b ☐ En el juego hay que declarar con antelación qué pieza jugar.
- c ☐ Es demasiado tarde para decidir.

2 El que juega no asa castañas.
- a ☐ No se puede comer cuando se juega.
- b ☐ El que juega pierde su tiempo.
- c ☐ No se puede jugar y hacer otra cosa al mismo tiempo.

3 A lo hecho pecho.
- a ☐ Hay que pagar para resolver una situación.
- b ☐ Se debe demostrar coraje depués de haber tomado una decisión.
- c ☐ Si te tratan mal, debes reaccionar con atrevimiento.

8 **Al comienzo del capítulo se encuentra un adjetivo que recuerda el nombre del protagonista. Búscalo, luego responde.**

Adjetivo: ....

1 Unamuno usa este adjetivo para...
- a ☐ burlarse de la actitud del protagonista al salir de casa.
- b ☐ describir su estructura física fuerte y elegante.

2 ¿Qué palabras en el texto te hacen pensar en esto?

....

3 Unamuno utiliza...
- a ☐ capacidad rigurosa de descripción. b ☐ ironía.

Gramática

Los verbos de cambio

Ponerse + adjetivo: expresa un cambio normalmente poco duradero, físico o anímico; suele ser rápido y casual.
Ej. *ponerse rojo / enfermo / nervioso*

Volverse + adjetivo: expresa un cambio más duradero, pero rápido, normalmente negativo.
Ej. *volverse loco / antipático*

Quedarse + adjetivo / preposiciones / participios / adverbios: expresa la pérdida o falta de algo, sorpresa; es el resultado de una situación o hecho anterior y dura cierto tiempo.
Ej. *quedarse ciego / viudo / sin palabras / callado*

Hacerse + adjetivo: expresa un cambio duradero, resultado de una elección voluntaria; suele acompañar profesiones, religiones, ideologías políticas.
Ej. *hacerse anarquista / budista / rico / mayor / camionero*

Llegar a ser + sustantivo: expresa un cambio gradual que implica un esfuerzo, normalmente positivo.
Ej. *Llegar a ser director / médico / famoso*

Convertirse / Transformarse en + sustantivo: expresa una transformación completa, profunda, radical.
Ej. *El príncipe* ***se convirtió en sapo*** *y la calabaza en carroza.*

9 **En el capítulo se encuentran dos verbos de cambio. Búscalos y escribe una frase con cada uno de ellos.**

10 **Completa con el verbo de cambio adecuado.**

1 Después del encuentro con Eugenia, Augusto .... aturdido.
2 El tío de Eugenia .... cada día más desconfiado.
3 Eugenia nunca .... una pianista famosa.
4 El ajedrez .... en el juego preferido de Augusto y Víctor.
5 Después del encuentro con Eugenia, Augusto piensa y hace cosas raras y parece que .... loco.
6 Augusto .... rico gracias a la herencia de su madre.

Expresión escrita y oral

11 **Augusto casi no ve a Eugenia, simplemente decide enamorarse de ella sin observarla con cuidado. A la hora de describirla a su amigo Víctor, le dice solo pocas cosas. Búscalas y luego describe tú a Eugenia cómo te la imaginas.**

12 **Augusto encuentra a Eugenia por casualidad. Cuenta un encuentro casual que has tenido tú. Describe quién era, por qué te llamó la atención y cómo fue. (80-100 palabras)**

13 **Al comienzo del capítulo Unamuno nos dice que «Augusto no era un caminante sino un paseante de la vida». En tu opinión, ¿qué quiere decir? El diccionario te puede ayudar.**

EL RINCÓN DE LA CULTURA

EL AJEDREZ

Augusto y su amigo Víctor son aficionados al juego del ajedrez. ¿Sabes algo de ello? ¿Te gusta? Se trata de un juego entre dos personas. Cada una dispone de 16 piezas que debe mover sobre un tablero cuadriculado, dividido en 64 casillas que alternan el color blanco y el negro. Las piezas son: el rey, la dama (o reina), dos alfiles, dos caballos, dos torres y ocho peones, símbolos de la pirámide social de la Edad Media. Es un juego estratégico, cuyo objetivo es derrocar al rey oponente, amenazándolo con algunas piezas propias sin que el otro jugador pueda protegerlo interponiendo una pieza suya o capturando la pieza del contrincante. El objetivo es el "jaque mate". Existe también un reloj del ajedrez para medir el tiempo que tiene cada jugador para mover sus piezas. El ajedrez tal como lo conocemos hoy se remonta al siglo XV, pero antiguamente surgió en India, luego pasó a Persia y llegó a España y a Europa a través de la conquista árabe. El Comité Olímpico Internacional lo considera como un deporte y se organizan competiciones en todo el mundo. Data del siglo XIII un importante manuscrito patrocinado por el rey Alfonso X el Sabio, titulado *Libro de los juegos*, que trata del ajedrez, de los dados y de la tabla real.

Ahora contesta a las preguntas.

1. ¿Cómo se llaman las piezas del ajedrez y qué representan?
2. ¿De dónde procede el ajedrez y a qué época se remonta el ajedrez moderno?
3. ¿Conoces otros juegos de mesa? ¿Cuáles prefieres?
4. ¿Por qué crees que el ajedrez es el juego que más le gusta a Augusto?

Antes de leer

1 **Relaciona las siguientes palabras con las fotos.**

a rocío

b cachorro

c jaula

d fez

2 **Ahora completa las definiciones con las palabras del ejercicio anterior.**

1 El .... es la cría de un perro.

2 El .... es un sombrero oriental.

3 En la .... se pueden encerrar pajaritos domésticos.

4 Por la mañana es fácil ver flores y hierba cubiertas de ....

3 **Observa atentamente la ilustración de la página 25 y contesta las preguntas.**

1 ¿Dónde se encuentra el joven y qué está haciendo?

2 ¿Qué hay dentro de la jaula?

3 ¿Qué estará pensando la mujer del balcón?

CAPÍTULO **2**

UN CANARIO Y UN ACCIDENTE AFORTUNADO

ugusto, al día siguiente, soñaba con águilas de poderosas alas cubiertas de rocío volando entre estrellas mellizas [1] cuando la voz del chiquillo [2] que traía los periódicos lo despertó:

—¡La Correspondenciaaaa!

«¿Sueño o vivo?» se preguntó. «¿Soy águila u hombre? ¿Qué nuevas traerá el periódico? Terremotos, espectáculos, el caleidoscopio [3] del mundo. Pues, durmamos un rato más.»

Pero el chiquillo, el vinagrero, unos niños chillando, un coche y la voz de Domingo anunciando el desayuno, lo despertaron:

—¡Imposible dormir! —dijo, levantándose.

1. **mellizas** : gemelas.
2. **chiquillo** : vendedor callejero del periódico.
3. **caleidoscopio** : instrumento óptico que permite ver en su interior figuras geométricas.

Luego se lavó, peinó, vistió y se echó a la calle hacia la casa de su querida Eugenia y pensando en ella y en el destino que los unía. En la acera se topó con ella y la saludó más con los ojos que con el sombrero. Estuvo a punto de seguirla, pero prefirió charlar con la portera:

—Margarita, ¿novedades? ¿Le dio la carta ayer?

—Sí, señorito —le contestó la cotilla[4] de la portera.

—¿Eugenia no le preguntó nada al entregársela?

—Nada.

—¿Y hoy?

—Hoy sí. Me preguntó por sus señas, si le conocía, quién era y cómo era. Pero me dijo que si volvía por acá, tenía que decirle que ya tenía novio.

—¿Que tiene novio?

—Ya se lo dije yo, señorito.

—No importa, ¡lucharemos!

—Bueno, lucharemos.

—¿Me promete su ayuda, Margarita?

—Claro que sí.

—¡Pues venceremos! —dijo Augusto, y se fue hacia la Alameda para refrescar sus emociones.

Pensó en su madre que era dulce, cariñosa, y le protegía de su miedo al Coco.[5] También le protegía de las clases que le daba al ingresar él al instituto y los cuentos de Julio Verne que le leía. Tuvo que estudiar ella para ayudarle a él: las matemáticas, la historia universal.

«Pero, ¡cuántas barbaridades han podido hacer los hombres!» solía decir.

4. **cotilla** : persona a la que le gusta curiosear y hacer comentarios sobre los demás.
5. **Coco** : personaje inventado que asusta a los niños.

CAPÍTULO 2

Recordó su emoción el día en que Augusto se hizo bachiller [6] y que ella le solía decir que no debía estudiar medicina por la fea enfermedad que se había llevado a su marido. Y la felicidad del día en que se licenció en Derecho. Recordó los paseos diarios y la rutina rota por la enfermedad silenciosa y lenta que se la llevó.

«Cuando encontrábamos a una muchacha bonita en la calle, siempre me preguntaba que cuándo me iba a casar...» pero unos débiles quejidos de animal interrumpieron sus reflexiones, bajó la mirada y encontró un cachorrito de perro debajo de un matorral. [7] Sin saber el porqué lo llamó Orfeo. Se lo llevó a casa.

—Trae leche, Domingo —le dijo al criado.

—¿Ahora se le ocurre comprarse un perro, señorito? —preguntó Domingo.

—No lo he comprado, este perro no es esclavo, sino que es libre; lo he encontrado.

—Vamos, sí, es expósito. [8]

—Todos somos expósitos, Domingo, date prisa con la leche.

A partir de ese momento Orfeo se convirtió en su confidente.

—Mira, Orfeo —le dijo—, ¡tenemos que luchar y conseguiremos a Eugenia! Tenemos que tomar alguna decisión. ¡Vamos!

Cuando llegó a la casa de Eugenia, una mujer delgada y cana salió al balcón con una jaula, pero esta se le cayó y el pajarito revoloteó espantado. Augusto la recogió.

—¡Ay, mi Pichín! —gritó la señora—. Gracias, caballero, suba.

«El destino quiere ayudarme» pensó Augusto. «Esta es la tía de Eugenia. El canario es mi arma. Vamos a luchar.»

—Pase, pase. —Le invitó la tía Ermelinda, y le presentó a un

6. **bachiller** : persona que ha cursado los estudios superiores de bachillerato.
7. **matorral** : conjunto de matas, hierbas espesas.
8. **expósito** : niño abandonado por sus padres y que ha crecido en un orfanato.

señor mayor sentado en un sillón que llevaba puesto un fez: el tío Fermín, quien se dirigió a Augusto con una frase en esperanto a propósito de la paz universal que iba a llegar gracias a este idioma tan importante. Augusto pensó escaparse de aquel lugar y de aquel hombre que parecía un loco, pero el amor por Eugenia le contuvo.

—No le entiendo una palabra, caballero —le dijo Augusto.

—Seguro que le habla en esa maldita lengua. Déjalo en paz, Fermín, quédate con tu anarquismo —le reprochó doña Ermelinda al pesado de su marido.

—¿Anarquismo? —preguntó Augusto.

—Sí, señor mío, soy anarquista y místico, pero en teoría, entiéndase bien, en teoría, no tema usted, ¡no echo bombas! —dijo riéndose como si fuera un chiste el tío Fermín.

—Cuénteme cómo fue que encontró usted a mi canario, señorito Augusto, porque yo le conozco a usted, es el hijo de la señora Soledad —interrumpió Ermelinda.

—Seré sincero, señora... rondaba la casa.

—¿Esta casa?

—Sí, esta casa, porque tienen ustedes una sobrina preciosa.

—Ya veo, ya veo —dijo Ermelinda—. ¡Qué feliz accidente! Usted me puede ayudar a quitarle de la cabeza a mi sobrina a ese novio que tiene y que no me gusta para nada...

—¿Y la libertad, la divina libertad de elegir? —dijo don Fermín.

—Tú cállate. Ella no es mala, algo caprichosa y mimada desde que se murieron sus padres y además, sabe usted, dejándola en la miseria con una casa gravada de hipoteca. [9]

—Todo se puede arreglar, si... —dijo tímidamente Augusto.

—Claro, está todo clarísimo: no se preocupe, es usted mi

9. **hipoteca** : derecho que grava bienes inmuebles para garantizar el cumplimiento del pago.

candidato. Váyase a su casa que Eugenia está a punto de regresar y le hablaré.

Y así fue. Cuando Eugenia regresó, la tía Ermelinda le dijo:

—¿Sabes, Eugenia, quién ha estado aquí? Don Augusto Pérez.

—Augusto... Pérez... ¡Ah, sí! Y ¿por qué?

—Pichín, mi canario.

—¿Y eso?

—La verdad es que venía tras de ti.

—¿Tras de mí y traído por el canario? Mejor que hables esperanto como el tío: no te entiendo.

—Que quiere casarse contigo. Es un joven apuesto, no es feo... y es rico, sobre todo rico.

— ¡La Providencia es misteriosa! —exclamó Fermín.

—¿Y esto qué tiene que ver con el anarquismo? —preguntó Ermelinda.

—Mi anarquismo, mujer, es místico, ya sabes —respondió Fermín.

—También yo soy anarquista, y no mística. Y no me quiero casar con él.

Mientras tanto Augusto, en su casa, charlaba con Orfeo:

—¡Ay, Orfeo, he dado el paso decisivo: he entrado en su casa! El azar, los vientos de la fortuna nos empujan. ¿De dónde ha brotado Eugenia? Del azar, ¿y tú, y yo? ¿Ella es una creación mía o soy creación suya yo? ¿No es acaso todo creación de cada cosa y cada cosa creación de todo? Tú eres joven y no tienes experiencia de la vida, y además eres perro: ¿no se os ocurrirá alguna vez a los perros creeros hombres así como ha habido hombres que se han creído perros...?

Como Orfeo no sabía nada de todo aquello, no entendía a su amo, pero mirándole a los ojos mientras hablaba, adivinaba lo que sentía.

Después de leer

Comprensión lectora

1 Elige la opción correcta entre las dos propuestas.

1 Augusto se despertó definitivamente por el ruido de...
   a ☐ una carroza. b ☐ un coche.
2 ¿Con quién habla primero?
   a ☐ Con Margarita. b ☐ Con Domingo.
3 ¿Cómo era la madre de Augusto?
   a ☐ Dulce y cariñosa. b ☐ Seria y severa.
4 El tío Fermín es...
   a ☐ socialista. b ☐ anarquista.
5 ¿Qué problema tiene la casa de Eugenia?
   a ☐ Una hipoteca. b ☐ Es demasiado vieja.
6 ¿De dónde se escapa el canario?
   a ☐ De un matorral. b ☐ De su jaula.

2 Responde a las siguientes preguntas.

1 ¿Con qué soñaba Augusto antes de despertarse y quién lo despertó?
   ....
2 ¿Qué quiso saber Eugenia de Augusto al recibir la carta?
   ....
3 ¿Cuál es la profesión que la madre de Augusto no quería que emprendiera su hijo?
   ....
4 ¿Qué encontró Augusto debajo de un matorral, qué le dio de comer y qué nombre le puso?
   ....
5 ¿Por qué Augusto subió a la casa de los tíos de Eugenia?
   ....
6 ¿Qué le dijo de Augusto la tía Ermelinda a Eugenia?
   ....

Comprensión auditiva

pista 05

3 **Escucha y completa la tabla. Escribe quiénes son los que hablan y por qué lo hacen.**

	¿Quién?	¿Por qué?
1		
2		
3		
4		
5		

4 **Vuelve a escuchar y marca con una X qué siente cada personaje.**

	Fermín	Ermelinda	Augusto	Eugenia	Domingo
Curiosidad					
Asombro, estupor					
Divertimiento, alegría					
Fastidio, rabia					
Esperanza y felicidad					

Léxico

5 **Sustituye las expresiones en negrita por otras sinónimas que aparecen en el segundo capítulo.**

1 ¿Qué nuevas habrá en el **diario** de hoy? ....

2 Estuvo a punto de ir detrás de Eugenia, pero prefirió **hablar un rato** con la portera. ....

3 Eugenia preguntó a la portera por las **características físicas y domicilio** de Augusto. ....

4 Cuántas **atrocidades y locuras** han cometido los hombres! ....

5 Váyase a su casa que Eugenia está a punto de **volver** y le hablaré. ....

6 El **destino**, los vientos de la fortuna nos impulsan y mueven. ....

6 **En el capítulo, Unamuno describe a los personajes utlizando por lo menos dos adjetivos para cada uno; búscalos y escríbelos al lado del personaje correcto.**

1 Madre de Augusto: ....
2 Tía Ermelinda: ....
3 Tío Fermín: ....
4 Eugenia: ....
5 Augusto: ....

7 **Encuentra la palabra intrusa entre las que te proponemos. Justifica tu respuesta.**

1 rocío — estrellas — sueño — viento
2 calle — vinagrero — acera — balcón
3 tío — novio — señorito — sobrina
4 Matemáticas — bachiller — Historia — Medicina

Gramática

Contar hechos al pasado: pretérito indefinido e imperfecto

Se emplea el **pretérito indefinido** para expresar acciones acabadas en pasado y puntuales. Los principales marcadores temporales son: **ayer**; **anteayer**; **el/la... martes / mes / año / semana... pasado/a**; **anoche**; **el otro día...**; **en el siglo XIX**; **en 1914**; etc.

	Habl-ar	**Tem-er**	**Escrib-ir**
yo	habl-**é**	tem-**í**	escrib-**í**
tú	habl-**aste**	tem-**iste**	escrib-**iste**
él/ella, usted	habl-**ó**	tem-**ió**	escrib-**ió**
nosotros/as	habl-**amos**	tem-**imos**	escrib-**imos**
vosotros/as	habl-**asteis**	tem-**isteis**	escrib-**isteis**
ellos/as, ustedes	habl-**aron**	tem-**ieron**	escrib-**ieron**

Algunos verbos irregulares:
decir: dije; dijiste; dijo; dijimos; dijisteis; dijeron
estar: estuve; estuviste; estuvo; estuvimos; estuvisteis; estuvieron
hacer: hice; hiciste; hizo; hicimos; hicisteis; hicieron
poder: pude; pudiste; pudo; pudimos; pudisteis; pudieron

ser/ir: fui; fuiste; fue; fuimos; fuisteis; fueron
tener: tuve; tuviste; tuvo; tuvimos; tuvisteis; tuvieron

Se emplea el **pretérito imperfecto** para expresar acciones pasadas repetidas o habituales. Marcadores: **cuando era ...**; **de pequeño/a**; **en aquella época**; **todos/as ...**; **normalmente**, etc.

	Habl-ar	**Tem-er**	**Escrib-ir**
yo	habl-**aba**	tem-**ía**	escrib-**ía**
tú	habl-**abas**	tem-**ías**	escrib-**ías**
él/ella, usted	habl-**aba**	tem-**ía**	escrib-**ía**
nosotros/as	habl-**ábamos**	tem-**íamos**	escrib-**íamos**
vosotros/as	habl-**abais**	tem-**íais**	escrib-**íais**
ellos/ellas, ustedes	habl-**aban**	tem-**ían**	escrib-**ían**

Los verbos irregulares son:
ir: iba; ibas; iba; íbamos; ibais; iban
ser: era; eras; era; éramos; erais; eran
ver: veía; veías; veía; veíamos; veíais; veían

8 **Conjuga los verbos entre paréntesis en pretérito indefinido o imperfecto.**

Cuando Augusto (**1**) .... (*llegar*) debajo de la casa de Eugenia, una mujer delgada y cana (**2**) .... (*salir*) al balcón para colgar una jaula, pero esta se le (**3**) .... (*caer*) y el pajarito que (**4**) .... (*estar*) dentro (**5**) .... (*revolotear*) espantado. Pronto Augusto lo (**6**) .... (*recoger*).
—¡Ay, mi Pichín! —(**7**) .... (*gritar*) la señora desde el balcón.
—Gracias caballero, suba, suba.
—El destino quiere ayudarme. —(**8**) .... (*pensar*) Augusto—. Esta es la tía de Eugenia.
—Pase, pase. —Le (**9**) .... (*invitar*) la tía Ermelinda y le (**10**) .... (*presentar*) a un señor mayor sentado en un sillón que (**11**) .... (*llevar*) puesto un fez: el tío Fermín, quien (**12**) .... (*dirigirse*) a Augusto con una frase en esperanto a propósito de la paz universal que (**13**) .... (*ir*) a llegar gracias a este idioma tan importante.
Augusto (**14**) .... (*pensar*) escaparse de aquel lugar y de aquel hombre que (**15**) .... (*parecer*) un loco, pero el amor por Eugenia le (**16**) .... (*contener*).

Expresión escrita y oral

9 DELE **Augusto encuentra un perrito en la calle y se lo lleva a casa; hablará con este y se convertirá en su confidente. ¿Tú tienes mascota? Habla de ella y, si no tienes ninguna, di si te gustaría tener una y cuál. (80-100 palabras)**

EL RINCÓN DE LA CULTURA

EL ESPERANTO

El esperanto es considerada una lengua de tipo auxiliar. La inventó Lázaro Zamenhof, un oftalmólogo polaco en 1887 con la esperanza de que esta lengua se convirtiera en una lengua útil internacionalmente. De hecho, es la lengua planificada (es decir, artificial) más hablada del mundo. El nombre se debe al seudónimo de Doktoro Esperanto (Doctor Esperanzado) que utilizó el mismo Zamenhof a la hora de publicar el primer libro: *La lingvo internacia* (1887). Hoy en día, los hablantes se estiman entre 100.000 y 2.000.000 pero no es lengua oficial de ningún país. El esperanto se basa en muchos idiomas, pero sobre todo en el latín, de forma directa o por medio de las lenguas romances, especialmente el italiano y el francés, y, en menor medida, del inglés y alemán. Pero también hay influencias del ruso, del polaco, del hebreo y del griego. El alfabeto es latino, pero incluye cinco letras con acento diacrítico circunflejo: *c*, *g*, *h*, *j*, *s* y la *u* breve. No se incluyen *q*, *w*, *x*, *y* por ser extranjeras.

Ahora contesta a las siguientes preguntas.

1 ¿Qué tipo de lengua es el esperanto?
2 ¿Quién la planificó?
3 ¿A qué se debe el nombre?
4 ¿Cuántas personas la hablan hoy en día?
5 ¿Qué tipo de alfabeto utiliza?
6 ¿Quién habla esperanto en la novela *Niebla*?

La Universidad de *Salamanca*

El "templo de la sabiduría" de la ciudad de Salamanca, tal como lo bautizó Unamuno – que fue rector de la misma – es, sin duda, la Universidad, la más antigua de España y una de las más antiguas de Europa tras Bolonia, Oxford y París. Se fundó en 1218 y fue la primera del continente que ostentó el título de "Universidad" por el edicto de 1253 de Alfonso X de Castilla y León, y la bula del Papa Alejandro IV en 1255. Pronto se convirtió en un centro de enseñanza excelente y prestigioso que atrajo a escritores, conquistadores, príncipes y miles de estudiantes que se formaron allí. Entre ellos recordamos a Quevedo y a Cervantes, quien dijo de la ciudad que «hechiza la voluntad de volver a ella a todos de cuya apacibilidad gustaron».

La Universidad se sitúa en una ciudad encantadora, mágica, antigua y moderna a la vez, donde la juventud se conjuga con la tradición, entre dinamismo y cultura. Allí nacieron, en 1929, los primeros cursos de español para extranjeros, hoy controlados por el Instituto Cervantes y que siguen atrayendo a miles de estudiantes de todas las edades y todas las nacionalidades. Y no es para menos la declaración de Ciudad Patrimonio de la Humanidad otorgada por la UNESCO y la elección, en 2002, de Ciudad Europea de la Cultura.
Toda visita a la antigua Universidad empieza por una búsqueda... algo rara: una pequeña rana de piedra que se "esconde" en la fachada de la Universidad antigua. Cuenta la leyenda que quien consiga verla, volverá a Salamanca y sobre todo, tendrá éxito en los estudios. Según parece, y debido al lugar que ocupa la rana, esta simbolizaba una recomendación para los estudiantes: apártate del pecado de la lujuria y sé buen estudiante. A todas horas hay estudiantes y turistas que tratan de verla. El mismo Unamuno dijo que «lo malo no es que vean la rana, sino que no vean más que la rana» y es una lástima que muchos se pierdan lo más bonito que, sin duda, no es la ranita, sino la maravillosa fachada de **estilo plateresco** que data de 1529. En el centro sobresale el escudo de la Universidad con los Reyes Católicos que la mandaron construir y su lema: "Los Reyes para la Universidad y la Universidad para los Reyes". No se puede olvidar que en ella se autorizó el viaje de Colón a América, gracias sobre todo a la intervención de Francisco de Vitoria, el precursor del derecho internacional.
Indudablemente, dentro de la Universidad se respira aire de pura cultura. Alrededor del patio donde se eleva, esbelta y poderosa, una secuoya que fue regalada por un jurista y botánico, se encuentran las aulas históricas. La más antigua es la de Fray Luis de León, autor del Siglo de Oro, catedrático de Teología, muy querido por sus alumnos

y que sufrió tres años de cárcel por haber traducido la obra prohibida *El cantar de los cantares*. Podemos imaginar lo incómodo que debían de ser los estrechos banquillos de la época, construidos así para que los estudiantes no se durmieran durante las clases, e imaginar a Fray Luis de León sobre el púlpito quien, nada más salir de la cárcel, volvió en seguida a dar su clase donde lo esperaba un aula abarrotada de alumnos que esperaban una réplica a sus acusadores y donde pronunció su famosa frase: «Como decíamos ayer....» como si nada hubiera pasado. Justo al lado se encuentra el Paraninfo, el espectacular salón de actos donde se proclaman a los doctores *honoris causa*, y donde Unamuno pronunció su famoso discurso antifranquista, bajo los ojos de los valiosos retratos de los reyes Carlos IV y María Luisa hechos por el pintor Francisco de Goya. Si subimos la **Escalera de la Sabiduría**, en la que están grabados los consejos para llegar a ser un buen estudiante y cómo es el estudiante malo, llegamos a la primera planta, tal vez el lugar más impresionante: la biblioteca que alberga aproximadamente 40.000 impresos de los siglos XII-XVIII. Antiguamente las facultades eran cinco, las dos mayores de Derecho. Luego Teología, Medicina y Filosofía. Entre sus tesoros, se encuentran un manuscrito del *Libro de buen amor* y la sala de manuscritos creada por Carlos III para que se guardaran los libros prohibidos y, en un arca de cinco llaves y cinco personas diferentes cada uno con una llave, el tesoro de la Universidad.

El palacio de Anaya.

Sobre las paredes de la Universidad y también en las del casco antiguo se notan rótulos al estilo grafitis de color rojo: es el **vítor**. Se pintaban con pigmentos vegetales o animales al lado del nombre del recién doctor. La tradición se perdió en 1857 y se recuperó en 1954. Al lado de la Universidad se encuentra la **casa museo** donde vivió Unamuno cuando era rector. Allí se conservan sus recuerdos: la biblioteca personal, las fotos, los retratos, sus gafas tan conocidas y su mecedora,[1] en la que es fácil imaginarlo enfrascado en los graves problemas de España.

«La Universidad la hacen los estudiantes», se dice en Salamanca. «Son ruidosos pero buenos». Y no faltan leyendas e historias acerca de ellos, hasta un modismo: "echarse a la bartola", que indica la costumbre de tirarse a la plazoleta Anaya enfrente del **Palacio Anaya**, antiguo Colegio Mayor de San Bartolomé, que ocupaban los estudiantes de la aristocracia quienes, según se cuenta, estaban seguros de tener un puesto en la administración y por eso estudiaban muy poco y se divertían mucho.

1. **mecedora** : silla cuyas patas se apoyan en arcos y que se usa para balancearse hacia adelante y hacia atrás.

Los antiguos estudiantes que llegaban a la Universidad se matriculaban y juraban obediencia al rector, y luego buscaban alojamiento según su condición social. Los nobles se alojaban en los colegios mayores como el de Fonseca y vestían una banda negra llamada "beca". Los de menor condición se llamaban "manteístas" porque llevaban el manteo, una capa especial y estudiaban y se alojaban en el pupilaje; el Maestre Escuela era el director de la Universidad. Además estaban los "camaristas" que vivían en simples posadas y, para terminar, existía la llamada "**república de estudiantes**", jóvenes que, en grupos, alquilaban un piso con ama y donde raramente iba el Maestre Escuela. Hoy en día, de esta tradición queda **la Tuna**, grupos de universitarios que tocan canciones y música tradicionales y visten trajes de terciopelo negro inspirados en la moda del Siglo de Oro; se reconocen por la faja que llevan, cada facultad de un color diferente.

Pues, como reza el refrán: «Quien quiera aprender, que venga a Salamanca».

Comprensión lectora

1 Después de leer el texto di si los enunciados son verdaderos (V) o falsos (F).

		V	F
1	La Universidad de Salamanca se remonta a 1929.	☐	☐
2	A la ciudad de Salamanca le otorgaron premios importantes.	☐	☐
3	En su fachada se esconde un animal.	☐	☐
4	Uno de sus profesores sufrió la cárcel.	☐	☐
5	En el Paraninfo se custodian más de 40.000 libros.	☐	☐
6	Los que suspendían los exámenes aparecían en grafitis sobre las paredes.	☐	☐
7	Los estudiantes se alojaban según su estamento social.	☐	☐

Antes de leer

1 **A lo largo del texto encontrarás las siguientes palabras. Relaciona los nombres con las fotos.**

a oleada **c** cuchitril **e** jaqueca
b timbre **d** casino **f** sopa

1 ☐

2 ☐

3 ☐

4 ☐

5 ☐

6 ☐

2 **Ahora asocia las palabras del ejercicio anterior a las siguientes definiciones.**

1 ☐ Local donde sus socios pueden leer, jugar u organizar actividades culturales o lúdicas.
2 ☐ Plato de caldo con arroz, pasta u hortalizas.
3 ☐ Fuerte dolor de cabeza.
4 ☐ Habitáculo muy pequeño sucio o descuidado.
5 ☐ Dispositivo dotado de campanilla que suena al tocar un pulsador, fuera de la puerta.
6 ☐ Golpe fuerte producido por una ola.

CAPÍTULO **3**

AUGUSTO Y EUGENIA

ugusto fue a casa de Eugenia porque los tíos lo habían invitado con la intención de presentárselo a la sobrina, pero ella no estaba. El joven se sentía nerviosísimo, a punto de estallar. No podía contener su emoción y casi no conseguía estar sentado, ya que le salían ganas de levantarse con furia, pasearse por la sala dando manotadas[1] al aire. Charlaron un poco hasta que sonó el timbre:

—¡Ella! —exclamó con misteriosa voz el tío.

Augusto sintió una oleada de fuego que se le subía de los pies a la cabeza y el corazón que le martilleaba[2] en el pecho. Solo cuando vio sus hermosos ojos y su cuerpo ligero, recobró la tranquilidad.

1. **dar manotadas** : dar golpes con las manos.
2. **martillear** : dar golpes.

CAPÍTULO **3**

—Aquí tienes a nuestro amigo Augusto, Eugenia —le dijo la tía Ermelinda.

—¿El del canario? —preguntó Eugenia.

—Sí, el del canario, señorita —contestó Augusto tomándole la mano y pensó: «¡Me va a quemar con la suya!»

Pero no fue así: la mano de Eugenia era blanca y fría.

—Este caballero —dijo Ermelinda— que por casualidad...

—¡Los misteriosos caminos de la Providencia! —sentenció Fermín.

—Sí, lo del canario, ya sé —dijo, algo molesta, Eugenia.

«Esto se va a poner malo» pensó Augusto, cada vez más nervioso.

—Resulta que conocíamos a su madre, persona digna, y ahora su hijo viene a conocerte a ti —agregó Ermelinda.

—¡A admirarla! —añadió Augusto.

—¿Admirarme?

—¡Sí, como pianista! Sé que ama la música, señorita.

—Pero, si a mí la música no me gusta, solo toco para ganarme la vida —respondió con frialdad la muchacha.

—Bueno, basta —interrumpió la tía—, y el señor Augusto ya lo sabe todo, lo de la hipoteca, digo.

—¿Cómo? —exclamó Eugenia levantándose en pie indignada— ¿Por eso entonces ha venido?

—No se enfade, Eugenia, yo deseaba conocerla, ha sido su tía la que...

—Pero si usted se ha limitado a traer el canario y enviarme aquella carta.

—Sí, pero... yo... —intentaba tranquilizarla el pobre Augusto—. No lo niego, yo...

—Bueno, ¡le contestaré a la carta cuando me plazca! —dijo Eugenia con descaro[3] y se fue a su cuarto.

Ermelinda comentó:

—¡Qué carácter! ¡Qué chiquilla!

Al contrario Fermín exclamó:

—¡Muy bien! ¡Heroica, toda una mujer! Esta es la mujer del porvenir. ¡La libertad!

Y Augusto dijo:

—¡Esta mujer me entusiasma! ¡Esta y no otra es la que necesito! Haré lo posible para conquistarla.

—Muy bien entonces —dijo la tía Ermelinda.

—No se olvide de escribir su nombre con *jota* en lugar de *ge* cuando en sus cartas le escribe: Eujenia —dijo don Fermín al despedirse.

—¿Por qué? —preguntó Augusto.

—Porque antes que no llegue el día feliz del esperanto, hay que escribir el castellano con lengua fonética. ¡Nada de *ces*! ¡Guerra a la *ce*! *Za, ze, zi, zo, zu* con *zeta* y *ka, ke, ki, ko, ku* con *ka*. ¡Fuera la *hache*, muera la *ge*!

—¿Por lo del anarquismo y esperantismo?

—Todo es uno, Augusto: anarquismo, esperantismo, vegeterianismo, espiritismo, foneticismo... ¡Adiós!

Augusto salió a la calle y casi todas las mujeres con que se cruzaba le parecían guapas: el universo femenino se le abría ante sí y se lo dijo al perrito Orfeo al llegar a casa y a Liduvina, que se lo adivinó en la cara:

«Esto debe ser la pianista» pensó la cocinera.

Mientras tanto, Eugenia se lo contaba todo a su novio Mauricio en su cuchitril de debajo de la escalera de la entrada:

3. **descaro** : hablar con desvergüenza.

—Este Augusto me viene detrás,[4] y yo no lo soporto.

—Pero, ¿no dices —dijo Mauricio— que ese pretendiente es un pobre panoli[5] que vive en Babia?

—Sí, pero tiene dinero y la tía quiere que me case con él. A mí no me gusta hacerle un feo a nadie y tampoco que me dé la jaqueca. Debes ver cómo me mira...

—¿Te gusta?

—¡Qué va! ¡Para mí no hay más que tú! No seas majadero.[6] Me da pena. Decídete, Mauricio, tienes que encontrar trabajo y casarnos. Yo odio la música, no quiero seguir con las clases de piano.

—Vale, chiquilla, no te enfades, buscaré un trabajo —dijo besándola, y se despidieron.

Augusto, al otro lado de la ciudad, iba al casino para pedir consejo a su amigo Víctor:

—El problema es que, ahora, todas las mujeres me parecen hermosas, mira aquella —dijo señalando a una— y esa otra, y los ojos que tiene aquella morena, ¿o es mejor rubia? Ay, Víctor, creo que me he enamorado de todas las mujeres del mundo y eso que yo creía que cuando estás enamorado, solo hay una mujer y que las demás no valen nada.

—A ver, es que tú, amigo mío, estabas enamorado de la mujer, en abstracto, ni de esta ni de aquella. Al ver a Eugenia ese amor abstracto se ha convertido en algo real, pero tú no estás enamorado de verdad, tú crees que estás enamorado...

—Ay, Víctor, todo es muy complicado, hablemos de otras cosas.

Al regresar a casa, Augusto no paraba de preguntarle a todo el mundo:

4. **ir detrás de alguien** : perseguir, molestar.
5. **panoli** : persona que se deja engañar fácilmente.
6. **majadero** : tonto, necio.

CAPÍTULO 3

—Orfeo, dime, ¿hay diferencia entre estar enamorado o creer que lo estoy? —y a Liduvina—. ¿En qué se conoce que un hombre está de veras enamorado?

—Vaya pregunta, señorito —respondió la criada—, es que cuando uno está enamorado, hace y dice muchas tonterías.

«Pero tonterías, de las gordas, no he dicho ni hecho todavía ninguna... me parece... ¿estaré de veras enamorado?» se preguntó Augusto.

Salió a la calle para averiguarlo y fue a casa de Eugenia, que lo recibió ella misma y, al verlo tan pálido, le preguntó si quería algo y qué le pasaba.

—Un vaso de agua — respondió temblando.

Eugenia salió de la habitación para ir a buscar el vaso de agua. El vaso tembló en las manos de Augusto, que bebió vertiéndose agua por la barba sin quitar sus ojos de los de Eugenia.

—Siéntese, Augusto. Le estaba esperando, así podremos hablar a solas. Debemos aclarar la situación.

Augusto sintió como una fiebre y vio una niebla roja delante de sus ojos.

—Es que usted parece un muerto, cálmese.

—Es que estoy muerto. Permítame que le tome la mano —y la cubrió de besos sin parar de repetir su nombre y pidiéndole perdón sin saber el porqué.

—Cuando usted esté tranquilo, hablaremos, Augusto. No sé qué esperanzas le habrán hecho creer mis tíos, pero el caso es que está engañado y yo tengo novio.

—Pero, Eugenia, yo no pretendo nada, me contento con venir aquí de vez en cuando para ver tus ojos —dijo, pasando al tuteo.

—Bueno, Augusto, estas son cosas de los libros, yo no me

opongo a que venga a verme, pero estoy enamorada de mi novio y pienso casarme con él.

—¿De veras estás enamorada de él?

—Se ha vuelto loco, Augusto.

—Es mi amigo quien me lo ha dicho: que hay muchos que creen que están enamorados sin estarlo...

—¿Pero está bien usted? Tranquilícese...

—¿Es que crees Eugenia que no estoy enamorado de ti? Hay quien me cree incapaz de enamorarme de veras...

Se oyó tocar a la puerta.

—¡Mis tíos! —gritó Eugenia, y se escapó a su habitación.

—¿Qué tal la conquista, don Augusto? —preguntó Ermelinda.

—Muy mal, muy mal —contestó Augusto—. Estoy dispuesto a sacrificarme por ella.

—¡Bravo! —exclamó el tío Fermín—. He aquí otro anarquista místico.

—¿Anarquista, yo?

—Precisamente, mi anarquismo significa sacrificarse por los demás.

—¡Sí, ya me imagino cómo te pondrías, Fermín, si un día no te voy a servir la sopa después de las doce!

—Bueno, Ermelinda, ya sabes que mi anarquismo es teórico...

—Pues, he decidido sacrificarme a la felicidad de Eugenia y he pensado en un acto heroico: ¡pagaré su hipoteca!

Después de leer

Comprensión lectora

1 Completa las frases con las palabras del cuadro.

ganarse	hipoteca	timbre	novio
tonterías	fiebre	canario	felicidad

1 Charlaron un poco hasta que sonó el ....
2 A Eugenia la música no le gusta, solo toca para .... la vida.
3 El señor Augusto ya sabe todo de la ....
4 Eugenia dice que Augusto se ha limitado a traer el .... y enviarle una carta.
5 Mientras tanto Eugenia se lo contaba todo a su .... Mauricio en su cuchitril.
6 Cuando uno está enamorado, hace y dice muchas ....
7 Augusto sintió como si tuviera .... y vio como una niebla roja.
8 Augusto está dispuesto a sacrificarse por la .... de Eugenia.

2 Marca con una ✗ si las afirmaciones son verdaderas (V) o falsas (F).

		V	F
1	Eugenia invita a Augusto a su casa.		
2	Eugenia siente simpatía hacia Augusto.		
3	La tía Ermelinda afirma que Eugenia tiene buen carácter.		
4	Alguien sugiere un cambio ortográfico.		
5	Mauricio es un trabajador.		
6	Augusto va al casino a ver a un amigo suyo.		
7	En este momento a Augusto todas las mujeres le parecen feas.		
8	Augusto consigue enamorar a Eugenia.		

Comprensión auditiva

pista 07

3 Intenta completar el diálogo entre Eugenia (E) y Augusto (A). Luego escucha y comprueba si lo has hecho correctamente.

E: ¿Qué le pasa, Augusto? ¿Quiere (**1**) ....?
A: Un (**2**) .... de agua.
E: Siéntese, Augusto, le estaba esperando para hablar a solas. Debemos aclarar la (**3**) .... Es que usted parece un muerto, cálmese.
A: Es que estoy (**4**) .... Permítame que le tome la mano.
E: Cuando usted esté tranquilo, hablaremos, Augusto. No sé qué (**5**) .... le habrán hecho creer mis tíos, pero el caso es que está engañado y yo tengo novio.
A: Pero, Eugenia, yo no pretendo nada, me (**6**) .... con venir aquí de vez en cuando para ver tus ojos.
E: Bueno, Augusto, estas (**7**) .... son de los libros, yo no me opongo a que venga a verme, estoy enamorada de mi novio y pienso (**8**) .... con él.

Léxico

4 Completa el siguiente crucigrama con los "ismos" que nombra el tío Fermín en el texto. Resuelve los horizontales y en la columna vertical central aparecerá el nombre de un personaje con el que habla Augusto en el capítulo.

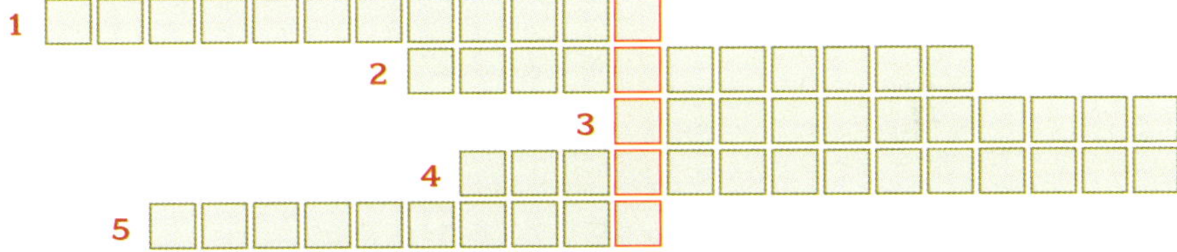

1 Movimiento que cultiva el idioma esperanto.
2 Creencia en que los espíritus de los muertos conservan un cuerpo y pueden comunicarse con los vivos.
3 Conjunto de caracteres y particularidades fonéticas de una lengua o dialecto.
4 Régimen alimenticio basado en excluir alimentos de origen animal.
5 Doctrina política que pretende la desaparición del Estado y defiende la libertad suprema de cualquier individuo.

5 **En el capítulo 3 se encuentran varios modismos y expresiones jergales. Relaciona cada modismo con el enunciado adecuado a su significado.**

1 Una oleada de fuego se le subía de los pies a la cabeza.
2 Y el corazón le martilleaba en el pecho.
3 Es un pobre panoli.
4 Vive en Babia.
5 Hablar a solas.

a ☐ No te preocupes: lo engañaremos con facilidad, es un tonto.
b ☐ Para aclarar la situación es mejor que hablemos tú y yo solos, sin que nadie nos escuche.
c ☐ Augusto sintió latir su corazón fuertemente.
d ☐ Todo el cuerpo de Augusto se calentó como si tuviera fiebre.
e ☐ Al pensar en Eugenia, Augusto se distraía, estaba en la Luna.

6 **En el texto se nombra un instrumento musical. Resuelve las sopas de letras y marca con una ✗ el instrumento del que se habla en el texto.**

1 RABÍETA ....
2 ONIPA ....
3 PARMOTTE ....
4 OLIVÍN ....
5 ENLACIRET ....
6 ARARTUIG ....
7 NÓASXOF ....
8 AULAFT ....

Gramática

El pretérito pluscuamperfecto

Se usa para expresar acciones pasadas que son anteriores, o sea que han ocurrido antes respecto a otras pasadas.

Se forma con el pretérito imperfecto del verbo **haber** más el **participio** del verbo conjugado.

yo	había	+ participio
tú	habías	
él/ella, usted	había	
nosotros/as	habíamos	
vosotros/as	habíais	
ellos/as, ustedes	habían	

7 **Al comienzo del capítulo hay un verbo en pluscuamperfecto. Búscalo y subráyalo, después escribe tres oraciones con otros tres verbos que estén en el texto conjugándolos en pluscuamperfecto.**

8 **Conjuga los verbos del cuadro en pluscuamperfecto y completa las frases.**

quemar decir desear ver charlar encerrarse parecer conocer

1 El timbre sonó, pero los dos ya .... un poco a solas.
2 Augusto recobró la tranquilidad porque .... los hermosos ojos de Eugenia.
3 Augusto creyó que Eugenia le .... la mano.
4 Fermín y Ermelinda .... a la madre de Augusto como persona digna.
5 Eugenia se indignó, así que Augusto le dijo que solo .... conocerla.
6 Cuando regresó a casa, Augusto le dijo a Orfeo que todas las mujeres le .... guapas.
7 Cuando Augusto llegó al casino, Eugenia ya se lo .... todo a Mauricio.
8 Cuando los tíos llegaron a casa, la muchacha ya .... en su cuarto.

Expresión escrita y oral

9 **Víctor le dice a Augusto: «*A ver, es que tú, amigo mío, estabas enamorado de la mujer, en abstracto, al ver a Eugenia ese amor abstracto se ha convertido en algo real, pero tú crees que estás enamorado...*» y al regresar a casa, Augusto le pregunta al perro: «*¿hay diferencia entre estar enamorado o creer que lo estoy?*» y a Liduvina: «*¿En qué se conoce que un hombre está de veras enamorado?*». ¿Qué quiere decirnos Unamuno? ¿Crees que de veras Augusto está enamorado de Eugenia o más bien está enamorado... del amor en general? Discute oralmente.**

10 **Eugenia, indignada y molesta frente a las palabras de amor de Augusto, le dice: «*¡Bueno, le contestaré a la carta cuando me plazca!*». Ahora te toca a ti: imagina que eres Eugenia y escribe la carta a Augusto. No olvides los dos puntos, el encabezamiento inicial, el saludo final y la firma.**

Antes de leer

1 **A lo largo del texto encontrarás las siguientes palabras. Relaciona los nombres con las fotos.**

a limosna
b pareja
c cuarto
d ropa planchada
e muñeco
f boda

1

2

3

4

5

6

2 **Ahora completa las oraciones con las palabras del ejercicio anterior.**

1 La asistenta recoge la .... en el armario.
2 Mi .... siempre está muy desordenado: no encuentro nada.
3 El señor Miguel es buena persona, nunca se olvida de darles .... a los pobres.
4 Nos invitaron a su ...., debías de ver lo encantadora que estaba la novia.
5 Camila le ha pedido un .... de trapos a los Reyes Magos.
6 Jordi y Maite forman una .... estupenda. Se casarán pronto.

CAPÍTULO **4**

DECISIONES Y REVELACIONES

Un día después entró Liduvina a decirle a Augusto:

—Señorito, está la chica que le plancha la ropa.

—¡Ah, sí, que pase!

Entró la muchacha con la cesta de la ropa planchada y se quedaron mirando. Ella se puso roja porque nunca el señorito Augusto la había mirado antes.

—¿Qué te pasa, Rosario? Así te llamas, ¿no?

—Sí, sí...

—Nunca te había visto ponerte colorada, y además me pareces otra...

—Usted también me parece otro...

—Puede ser, acércate, no me había dado cuenta de lo guapa que eras...

—¡No se burle de mí, señorito!

—Ven acá, te parecerá que me he vuelto loco, pues no, es que he estado tonto y ciego, perdido en una niebla, hasta ahora...

La chica se puso a llorar.

—¿Qué te pasa, chiquilla?

—Me hace llorar con esas cosas que dice...

—Sabes, Rosario, me he enamorado de una mujer y he aprendido a ver a todas las mujeres.

—Esa mujer sería... ¿sería una mala mujer?

—¿Qué dices? No, esa mujer es como tú, un ángel. Pero no me quiere. Es que esa mujer me ha vuelto ciego al darme la vista.

—¡Pobre don Augusto!

—Vamos, repítelo: «pobre Augusto», ven, siéntate aquí, a mi lado... —dijo mirándola a los ojos.

La chica, como hipnotizada, se sentó cerca de él.

—¿Me querrás, Rosario?

—Sí, Augusto... —dijo ella tímidamente.

En aquel momento entró Liduvina que volvió a cerrar la puerta exclamando:

—¡Ah!

La criada había interrumpido el momento especial entre los dos, Rosario se fue casi corriendo al oír las palabras de Augusto:

—¿Pensarás en mí?

Liduvina entró y le dijo:

—El otro día me estuvo preguntando en qué se conoce si un hombre está enamorado, ahora lo sé: lo está.

—¿De quién? ¿De Rosario?

—¿Rosario? ¡No, de la otra! Porque le estaba diciendo a esta lo que quería decirle a la otra.

Y con estos pensamientos, Augusto se fue a la cama diciéndole a Orfeo:

—¿Qué es el mundo real sino el sueño que soñamos todos? —y cayó en el sueño.

Poco después le despertó Liduvina para decirle que había venido una señorita a buscarle. Augusto se levantó y arregló rápido, y descubrió que se trataba de Eugenia que había venido a preguntar por qué Augusto le había pagado la hipoteca.

—Lo he hecho por ti, porque sospecho que tu novio es solo un traficante.

—¡Usted lo que quiere es comprarme! ¡No acepto su limosna! ¡Trabajaré más que nunca y me casaré con mi novio! —gritó enfadada.

—No te enfades, te la regalo la casa, no lo he hecho para que me aceptes por marido, lo he hecho para que seas feliz. ¡Renuncio a cualquier derecho!

—¡Basta! —dijo Eugenia con ojos de fuego y se fue y dejó al pobre Augusto como envuelto en la niebla hablando con el perro.

—¡Orfeo, estoy enamorado de ella, yo necesito su alma!

Desesperado, Augusto fue al casino para contárselo todo a su amigo Víctor, pero este no pudo escucharle porque estaba nerviosísimo: después de muchos años sin hijos, su mujer, por fin, se había quedado embarazada y los dos no sabían si era una cosa buena ya que, después de tanto tiempo, la pareja estaba bien así.

Mientras tanto, Eugenia llegó a casa y su tía le preguntó:

—¿Qué has hecho, chiquilla?

—¿Qué he hecho? Lo que usted, tía, debería hacer si tiene vergüenza. ¡Si solo me quiere comprar!

—Mira, Eugenia, ¡mejor que quieran comprarte que no venderte!

CAPÍTULO 4

—Pero, tía, si ese Augusto es un panoli, un muñeco, no tiene nada hacia dentro.

—Tendrá por lo menos entrañas.[1] Pero deja todo esto, yo creo que debes aceptarle.

—Pero si quiero a otro...

—¿A ese gandul[2] y vago de Mauricio? ¡Augusto es tan fino, tan rico, tan bueno!

—Sí, bueno, y a mí los hombres buenos no me gustan...

—Hay que casarse con ellos, para eso han nacido, para maridos.

—¡Yo estoy enamorada de Mauricio, él es un hombre!

—Pues no es un hombre verdadero porque, de ser así, trabajaría y se casaría contigo. ¿De qué vais a vivir?

A este punto llegó la criada a anunciar que don Augusto esperaba a la señora Ermelinda.

—¡Dile que no quiero verle y que es mi última palabra! ¿Comprarme a mí? —y con esto se fue a su cuarto.

Augusto le dijo a Ermelinda que había venido a excusarse, que se arrepentía, pero que lo había hecho con la intención de hacer feliz a Eugenia y que había cancelado formalmente la hipoteca a su nombre, así que la casa le pertenecía únicamente a su dueña sin cargos. Además estaba dispuesto a buscar un trabajo para Mauricio quien, de esta manera, no tendría que vivir de las rentas[3] de Eugenia. Y que si ella lo deseaba, sería padrino en la boda y luego se iría de viaje.

Ermelinda llamó a su sobrina para informarla de todo y para decirle que Augusto tenía un corazón de oro, pero la criada dijo que Eugenia había salido.

1. **entrañas** : conjunto de órganos de un cuerpo animal o humano.
2. **gandul** : holgazán, que no quiere hacer esfuerzos.
3. **rentas** : conjunto de ingresos que produce regularmente un bien.

Después de leer

Comprensión lectora

1 Completa las siguientes oraciones asociando los elementos con su parte final correspondiente.

1 Entró la muchacha
2 Rosario se sentó
3 Augusto estaba dispuesto a buscar
4 Augusto fue al casino
5 Liduvina había interrumpido
6 Augusto le dijo a Ermelinda
7 La criada anunció
8 Ermelinda llamó a su sobrina

a ☐ y él la estrechó entre sus brazos.
b ☐ para contárselo todo a su amigo Víctor.
c ☐ un trabajo para Mauricio.
d ☐ con la cesta de la ropa planchada.
e ☐ que don Augusto esperaba a la señora Ermelinda.
f ☐ el momento especial entre los dos.
g ☐ para decírselo todo.
h ☐ que había venido a excusarse.

2 Responde a las siguientes preguntas.

1 ¿Por qué crees que Augusto mira a Rosario como si fuera la primera vez?
2 ¿Qué interrumpe el diálogo entre Augusto y Rosario?
3 ¿Por qué Eugenia va a ver a Augusto?
4 ¿Por qué está enfadada?
5 ¿Le hace caso su amigo Víctor? ¿Por qué?
6 ¿Le gusta Mauricio a la tía Ermelinda? ¿Por qué?
7 ¿Por qué Augusto va a casa de Eugenia?
8 ¿Qué está dispuesto a hacer Augusto por Eugenia?

Comprensión auditiva

3 Escucha el diálogo entre Augusto o Rosario y corrige los 12 errores.

Augusto ya había visto otras veces a Rosario ponerse colorada y Rosario, por su parte, le dice a Augusto que le parece diferente. Augusto le dice a Rosario que se aleje porque no se había dado cuenta de lo guapa que es. Entonces Rosario le pide que no le tome el pelo. Augusto le contesta que no se ha vuelto loco, sino se ha vuelto tonto y se ha quedado ciego porque le parece estar perdido en una nube hasta hace poco tiempo... En ese momento la chica echa a reír y él le pregunta el porqué, luego le dice que se ha enamorado de una mujer y que solo piensa en ella. Rosario teme que se trate de una buena mujer. Y, en efecto Augusto le contesta que es un diablo. Entonces la invita a que se siente a su lado y le pide ayuda, pero Rosario se niega.

4 Vuelve a escuchar y marca con una ✗ qué sienten Augusto y Rosario. Subraya en el texto qué frases te han permitido comprenderlo.

	Augusto	Rosario
Arrebato amoroso		
Zozobra		
Curiosidad y asombro		
Tristeza y emoción		

Léxico

5 Eugenia y Rosario tienen dos caracteres muy diferentes. A la luz de las informaciones que se encuentran en este capítulo y en los anteriores, elige los adjetivos que te parecen adecuados entre los que te damos a continuación. Hay dos que no se deben seleccionar y uno que vale dos veces.

nerviosa tímida decidida ingenua insensible agradecida enojada loca ofendida fuerte zozobrosa

Eugenia	Rosario

6 **Completa el cuadro a partir de los adjetivos que se encuentran a lo largo del capítulo, escribe de qué nombre proceden y su antónimo. Sigue el modelo.**

Adjetivo	Nombre	Antónimo
Colorada	color	pálida

Gramática

El futuro de indicativo

Simple: **infinitivo** + desinencias **-é; -ás; -á; -emos; -éis; -án**

Principales irregulares:

caber → cabr-
decir → dir-
haber → habr-
hacer → har-
poder → podr-
poner → pondr-
querer → querr-
saber → sabr-
tener → tendr-
venir → vendr-

Usos:

- Expresar una idea o una acción futura, venidera.
  Ej. *Os **escribiremos** un mail.*
- Expresar hipótesis o probabilidad.
  Ej. *Supongo que **estudiaréis** mucho.*

Compuesto: verbo **haber en futuro** + participio del verbo. Uso:

- Hablar de una acción futura pero anterior a otra.
  Ej. *Cuando María llegue a casa, yo ya **habré salido**.*
- Expresar probabilidad en pasado reciente.
  Ej. *¡Qué desbarajuste! ¡Lo **habrá hecho** el perro!*

El futuro se expresa también con:

- Presente de indicativo.
  Ej. *Pasado mañana **vamos** a Salamanca.*
- Pensar/querer + infinitivo (intencionalidad).
  Ej. ***Pienso ir** a Salamanca.*
- Ir + a + infinitivo (perífrasis de infinitivo).
  Ej. ***Van a comer** a las dos.*

7 **Al comienzo del capítulo hay 6 verbos en futuro simple. Subráyalos y conjúgalos enteramente en tu cuaderno.**

8 **Completa las frases conjugando las verbos entre paréntesis en futuro simple, compuesto o usando una perífrasis.**

1 ¿Por qué Eugenia está enfadada? ¿(*Pelearse*) .... con su novio Mauricio?

2 Augusto y Víctor, dentro de unos diez minutos, (*ir*) .... al casino para echar una partida.

3 Querido Orfeo, (*casarme*) .... pronto con Eugenia.

4 Cuando Eugenia llegue a casa de sus tíos, Augusto ya (*despedirse*) .... de ellos.

5 Mauricio (*ser*) .... una buena persona y Eugenia (*estar*) .... enamorada de él, pero Ermelinda no está contenta.

6 Augusto (*pagar*) .... la hipoteca de Eugenia y (*sentirse*) .... satisfecho.

Expresión oral y escrita

9 **A lo largo de este capítulo, Unamuno nos dice dos veces que Augusto «*está como envuelto en la niebla*». En tu opinión, ¿por qué Augusto dice que «*ha estado tonto y ciego, perdido en una niebla, hasta ahora*»?**

10 **Eugenia afirma que Augusto quiere "comprarla" pagando su hipoteca. ¿Crees que de veras Augusto quiere comprarla? Escribe un texto de unas 80 palabras. Hay una frase en el capítulo que hace pensar lo contrario, búscala y subráyala.**

11 **En la frase: «*Esa mujer me ha vuelto ciego al darme la vista*» hay una figura retórica, ¿cómo se llama? Marca con una ✗.**

a ☐ metáfora

b ☐ paranomasia

c ☐ paradoja

d ☐ sinestesia

RINCÓN DE CULTURA

SUEÑOS Y NIEBLAS

A menudo, en la obra, Unamuno hace referencia al sueño. Por ejemplo, en este capítulo Augusto, dice: «¿Qué es el mundo real sino el sueño que soñamos todos?». Más adelante, pensando en su vida, se pregunta si es un sueño de Dios y casi al final, le preguntará al mismo Unamuno: «¿De qué manera existe él, como soñador que se sueña, o como soñado por sí mismo?». Aquí se plantea el tema fundamental de *Niebla*: la relación entre los personajes de ficción y la creación literaria, entre apariencia y realidad. Sabemos que la obra es referencial respecto a otras obras de la literatura y cultura españolas. Al hablar de sueños es fácil entrever el drama de Calderón de la Barca (1600-1681) *La vida es sueño* (1627-1629). Otra referencia al poder creador del sueño, consciente o inconsciente, es la que se puede hacer con el grabado 43 *El sueño de la razón produce monstruos* del pintor Francisco de Goya (1746-1823). El grabado forma parte de la serie de los *Caprichos* (1799), en la que Goya quiso criticar todo tipo de superstición, oscurantismo, absolutismo en nombre de la libertad y de la razón. En el grabado se ve al pintor durmiendo sobre su escritorio, la cabeza rodeada de monstruos. Ya que la palabra "sueño" significa a la vez el acto de soñar y de dormir, el mensaje es ambiguo: ¿se producen monstruos cuando la razón duerme o cuando sueña?

Ahora contesta a las preguntas.

1 ¿Cuál es el tema fundamental de la obra y qué tiene que ver con el sueño?
2 Busca en el vocabulario la palabra "referencial" y escribe su significado.
3 ¿Qué pretendía criticar Goya con los caprichos?
4 ¿Qué está haciendo el pintor en el *Capricho*?

Antes de leer

1 **A lo largo del texto encontrarás las siguientes palabras. Relaciona los nombres con las fotos.**

a pelea **b** enferma **c** huésped **d** mirada

2 **Ahora asocia las palabras del ejercicio anterior a las siguientes definiciones.**

1 ☐ Fuerte discusión entre dos o más personas; riña.
2 ☐ Dirigir los ojos, la vista hacia algo o alguien.
3 ☐ Persona que aloja en hotel o en casa de otra persona pagando o como invitado.
4 ☐ Que tiene o padece una enfermedad, que no está bueno.

3 **En la página 65 encontrarás la ilustración del capítulo 5. Obsérvala atentamente y contesta las siguientes preguntas.**

1 ¿Quién es la muchacha que está al lado de Augusto?
2 ¿Qué ropa lleva y por qué?
3 ¿En qué estará pensando?

CAPÍTULO **5**

PELEAS Y NIVOLAS

Poco después Eugenia le decía a su novio Mauricio que estaba harta, que era un imposible: — Si sigues así, si no haces nada para encontrar trabajo, ¡soy capaz de cometer un disparate![1]

—¿De qué disparate hablas? Rica,[2] no digas tonterías... —le decía a Eugenia mientras le acariciaba el cuello.

—Mira, si quieres, nos casamos y yo trabajaré para los dos.

—Y, ¿qué dirán de mí y de mi mujer si acepto semejante cosa?

—A mí no me importa lo que digan y si no te decides, yo...

—¿Te casarás con Augusto?

1. **disparate** : dicho o hecho absurdo.
2. **rica** : vocativo cariñoso.

—¡No, eso nunca! Recobraré[3] mi casa.

—Pues, hazlo, si no hay otra solución...

—¿Qué quieres decir, Mauricio?

—Mira, yo no nací para el trabajo, soy un haragán[4] y el matrimonio me da miedo y supongo que tú querrás hijos, y yo tendré que trabajar más... ese hombre, Augusto, es un pobre diablo, así que tú...

—Anda, ¡habla, sigue!

—Le aceptas como marido, él lo paga todo y nosotros podremos...

—¿Nosotros qué? ¡Eres un bruto! —escapó Eugenia a su casa y se tumbó en la cama llorando.

Mauricio se quedó un rato suspenso, luego salió a la calle y le echó un piropo[5] a la primera muchacha que vio pasar. Luego se fue a charlar un rato con sus amigos para decirles que pensaba conquistar a otras mujeres, ya que estaba seguro de que Eugenia le iba a dejar.

Mientras tanto, en el casino, Augusto y Víctor conversaban sobre un conocido suyo, tal don Eloíno, que se había casado con una viuda que regentaba una pensión y que, sabiendo que el hombre estaba malo, esperaba su muerte para quedarse con el dinero. Y así fue.

—¡Qué cosas pasan, Víctor!

—Cosas que no se inventan, que no es posible inventar. Por eso estoy recogiendo más informaciones, porque he decidido escribir de esto en mi novela tal como hizo Cervantes con sus novelas intercaladas en su *Quijote*.

3. **recobrar** : volver a poseer.
4. **haragán** : vago, holgazán, que no quiere trabajar.
5. **piropo** : palabra de admiración que se dirige a una persona.

—¿Quieres escribir una novela? ¿Y cuál es su argumento?

—Mi novela no tiene argumento, el argumento se hace él solo. Los personajes empezarán a hablar y el carácter se irá formando poco a poco. Habrá diálogos, los personajes hablarán mucho aunque no digan nada. Es el encanto de la conversación: hablar por hablar, la gente se cansa de un discurso de media hora pero puede charlar tres delante de un café. Y además el autor no nos molestará con sus ideas y descripciones...

—Hasta cierto punto, amigo Víctor. Al comienzo creerás que los llevas tú a los personajes y acabarás convenciéndote de que son ellos los que te llevan a ti: a menudo el autor se convierte en el juguete de sus ficciones.

—Por eso no se llamará novela, sino nivola.

—¿Nivola?

—Sí, igual que Machado que llamó a su soneto, sonite.

Y con eso se separaron. Augusto se marchó reflexionando sobre la nivola: «Nivola, esta es mi vida, todo esto que me pasa, ¿es realidad o ficción? Es una nivola». Y en esto llegó a casa, donde le esperaba Rosario con la ropa planchada.

—¡Hola, Rosarito, me extraña verte aquí!

—Buenas tardes, don Augusto, creí que quería usted decirme algo... —respondió ella con una mirada serena.

Augusto pensó: «¿Esta es ingenuidad o qué?»

Luego se sentaron juntos y charlaron un poco. Augusto le dijo que lo que había pasado era una locura y que debía olvidarse de lo del otro día. Le preguntó si tenía novio, pero la chica solo le contestaba tartamudeando, y él sintió como temblaba emocionada. Ella le apoyó su cabeza en el pecho:

—¿Y aquella mujer...? —le preguntó.

—Pues aquella mujer ha acabado por rechazarme del todo.

Ahora estoy malito, quiero hacer un largo viaje, ¿me acompañarás?

—Como usted mande, don Augusto.

Y él sintió otra vez una niebla invadirle y empezó a besarle los ojos a Rosario, pero de pronto se levantó echándola:

—Vete, Rosarito, pero, ¿volverás? Partiremos...

—Como usted mande.

La estrechó en sus brazos apoyando sus labios secos a los de ella, sin besarla. Luego la soltó:

—¡Anda, vete!

Rosario salió. Apenas se había ido, Augusto, cansado, se echó sobre su cama y se quedó pensando: «La he engañado, le he estado mintiendo... pero las palabras son mentiras... la palabra es un producto social y se ha hecho para mentir. Todo es fantasía y no hay más que fantasía». Y en esto sintió que Orfeo le lamía la mano.

—Tú, querido Orfeo, como no hablas, no mientes. Los hombres todos mentimos porque somos seres sociales. No hacemos sino representar cada uno su papel: todos somos caretas, actores. Y yo aquí, representando a solas mi comedia, espectador y actor a la vez... La pobre Rosario, tiene celos, [6] eso es importante: tener celos para darse cuenta de que verdaderamente está enamorado uno. Además siempre hace falta la tercera, una celestina, así es la sociedad...

Liduvina tocó a la puerta para avisar de que era la hora de comer.

6. **tener celos** : sentimiento que se experimenta cuando se cree que la persona amada siente amor por otra.

Después de leer

Comprensión lectora

1 Responde a las siguientes preguntas.

1 ¿Qué le ofrece Eugenia a Mauricio?

....

2 ¿Qué le propone Mauricio a Eugenia para resolver la situación?

....

3 ¿De qué va la novela que quiere escribir Víctor?

....

4 ¿Qué es lo que tendrá más espacio en la novela de Víctor? ¿La narración o los diálogos?

....

5 ¿De qué historia Víctor quiere escribir una novela?

....

6 ¿Cómo se siente Rosarito?

....

7 ¿Por qué no miente Orfeo?

....

2 Marca con una ✗ si las afirmaciones son verdaderas (V) o falsas (F).

		V	F
1	Mauricio quiere casarse con Eugenia.	☐	☐
2	Mauricio no está realmente enamorado de Eugenia.	☐	☐
3	Eugenia acepta la propuesta que le hace Mauricio.	☐	☐
4	En la historia de Víctor, la viuda se hará rica.	☐	☐
5	Víctor piensa insertar otros cuentos en su narración.	☐	☐
6	Víctor piensa utilizar muchas descripciones en su novela.	☐	☐
7	Víctor nombra a un poeta de la Generación del 98.	☐	☐
8	Augusto propone a Rosario hacer un viaje los dos juntos.	☐	☐

Comprensión auditiva

pista 11

3 Intenta completar el diálogo entre Eugenia (E) y su novio Mauricio (M). Luego escucha y comprueba si lo has hecho correctamente.

E: ¡Eres (**1**) ...., Mauricio! Si sigues así, si no haces nada para encontrar (**2**) ...., ¡soy capaz de cometer un disparate!
M: ¿De qué (**3**) .... hablas? Rica, no digas (**4**) ....
E: Mira, si quieres, nos (**5**) .... y yo trabajaré para los dos.
M: Y, ¿qué dirán de mí y de mi (**6**) .... si acepto semejante cosa?
E: A mí no me importa lo que digan y si no te (**7**) ...., yo...
M: ¿Te casarás con (**8**) ....?
E: ¡No, eso (**9**) ....! Recobraré mi casa.
M: Pues, hazlo, si no hay otra (**10**) ....
E: ¿Qué quieres decir, Mauricio?
M: Mira, yo no nací para el trabajo, soy un haragán y el matrimonio me da (**11**) .... y supongo que tú querrás hijos, y yo tendré que trabajar más... ese hombre, Augusto, es un pobre diablo, así que tú...
E: Anda, ¡habla, sigue!
M: Le aceptas como (**12**) ...., él lo paga todo y nosotros podremos...
E: ¿Nosotros qué? ¡Eres un bruto!

Léxico

4 Busca en este capítulo y en el anterior, 6 adjetivos sinónimos de los que encuentras en la parrilla para describir a Mauricio.

Sinónimo	Adjetivo en el texto
bestia	
ocioso	
holgazán	
absurdo	
comerciante, buscón	
perezoso	

5 Ahora escribe una frase describiendo cómo te imaginas físicamente a Mauricio.

Gramática

El condicional

El condicional simple: expresa una realidad hipotética en el pasado que no se realizó. Se forma con el **infinitivo** + las desinencias **-ía**, **-ías**, **-ía**, **-íamos**, **-íais**, **-ían**.

Ej. *¿Te casarías con Mauricio?*

Los principales verbos irregulares son:

caber → cabr-	**poder** → podr-	**salir** → saldr-
decir → dir-	**poner** → pondr-	**valer** → valdr-
haber → habr-	**querer** → querr-	**venir** → vendr-
hacer → har-	**saber** → sabr-	

El condicional compuesto: se forma con el verbo **haber** en condicional + el **participio** del verbo.

Ej. *¿Le habrías aceptado como marido?*

6 **Conjuga los verbos en condicional presente. Luego di de qué uso se trata: acción presente o futura respecto a otra acción (ACC); pedir un favor (FAV); dar/pedir un consejo (CON).**

1 Mauricio le dice a Eugenia que (*ser*) .... (....) mejor no casarse.
2 A Víctor le (*gustar*) .... (....) escribir una novela.
3 Orfeo, ¿tú le (*decir*) .... (....) a Eugenia que le he pagado la hipoteca?
4 Los tíos Fermín y Ermelinda (*querer*) .... (....) un marido como Augusto para Eugenia.
5 Víctor, ¿tú (*poder*) .... (....) hablar con ella, por favor?
6 Rosarito, ¿(*venir*) .... (....) a sentarte a mi lado?

Expresión escrita

7 **Investigación: en el capítulo se habla de las novelas intercaladas en el Quijote. Busca una de ellas y haz el resumen. (100 palabras)**

Antes de leer

1 **A lo largo del texto encontrarás varios verbos. Relaciona las acciones con las fotos.**

a quedarse boquiabierto
b casarse
c quitarse
d hacer las paces
e despedirse
f abrazar

1 ☐

2 ☐

3 ☐

4 ☐

5 ☐

6 ☐

2 **Ahora completa las frases con las expresiones del ejercicio anterior, conjugando los verbos según convenga.**

1. Mis padres, el miércoles pasado .... de nosotros para irse a vivir a Málaga.
2. Por fin Pablo y Marta ....: ¡enhorabuena!
3. El ladrón se arrepintió y devolvió el dinero. La víctima .... por la sorpresa.
4. ¡.............................. de en medio, Julia! No puedo pasar, el pasillo es demasiado estrecho.
5. Hazme caso Felipe, déjate de tonterías y .... con tu mejor amigo.
6. Acércate mujer, ¡deja que te ....!

CAPÍTULO **6**

EUGENIA CAMBIA DE OPINIÓN

A los dos días, la tía Ermelinda fue a buscar a Augusto para anunciarle que Eugenia se había peleado con su novio y que estaba furiosa con todos los hombres.

—"Brutos", les decía a todos. Ayer se arrepintió de lo que le había dicho a usted, señor Augusto, y que fue injusta y lo que dijo fue por despecho, por rabia pero que no lo cree...

—Yo creo que no lo cree.

—Ya, además me dijo que aceptaría el regalo de la casa que le hizo usted para demostrarle su buena voluntad, pero sin compromiso ninguno...

—Eso me ofende...

—No se ofenda, yo solo...

—Si es que usted quiere convencerme para que yo la perdone ahora que ha roto con su novio. Antes yo era "el otro" y ahora soy "el uno", ¡pero yo le dije enseguida que iba a pagar la casa sin compromisos!

—Pero, don Augusto, no se ponga así...

—Yo creo que usted ha venido a convencerme de que la reconquiste...

—No, no es eso, ella quiere hacer las paces y que sean buenos amigos. Ella me ha dicho que solo se casaría con un hombre del que esté enamorada...

—¡Y que de mí nunca podrá estarlo!

—¡Tampoco es eso! Venga por lo menos a saludarnos...

—Bueno, vale, dígaselo: seremos buenos amigos. De todas formas, emprenderé un viaje.

—Venga a despedirse por lo menos...

—Ya veremos.

Cuando la mujer se fue, Augusto pensó que seguro que Eugenia quería engañarle:

—Pero ahora yo soy yo, no me engaña nadie, el amor se ha despertado en mí, y se lo debo a ella, eso sí, pero que no juegue conmigo, ya que mujeres ahora me sobran: Eugenia, Rosario, pero que nadie se burle de mí: ¡yo soy yo! —dijo con delirio.

—¿Emprenderé un viaje o no? ¿Por qué un viaje? ¿Qué tengo que demostrar y a quién? —le preguntaba Augusto a Orfeo—. Ya se lo he anunciado a todo el mundo y si quiero ser hombre de palabra... los hombres de palabra primero dicen una cosa, después la piensan y por último, la hacen.

Sus meditaciones fueron interrumpidas por Liduvina que anunció:

—Hay una señorita que desea verle... ¡creo que es la pianista!

—¡Eugenia! —exclamó Augusto—. ¡Qué mujer! ¡Qué coraje! Viene a conquistarme, a jugar conmigo. Vale, que pase —decidió.

En cambio la muchacha solo había venido a decirle que les habían engañado a ambos y que quedaba claro que ella aceptaría el generoso regalo de la casa sin compromiso ninguno y que lo pasado pasado estaba, y podían ser buenos amigos y nada más.

—Pero... después de todo esto, ¿qué pensará la gente de mí? —añadió preocupada.

«Esta mujer es diabólica» pensó Augusto al ver que Eugenia se secaba una furtiva lágrima.

—¡Eugenia! —exclamó él.

—¡Augusto! —susurró ella.

—Eugenia, no juegues conmigo, tú me vuelves loco, tú haces que yo no sea yo, me das vueltas... —dijo y la atrajo hacia él besándola.

—¡Déjame, déjame! —exclamó la muchacha al quitarse tranquila el sombrero.

—¿Es que no me quieres?

—Eso de querer, no lo sé, no estoy segura... Es una fatalidad, un arrepentimiento por las cosas malas que dije. Pero somos amigos, ¿no? Nada más...

—¡Ay, Eugenia! —y en esto entró Liduvina, anunciando a Rosario.

Eugenia al despedirse le dijo:

—Volveremos a vernos, como amigos, lo pasado, pasado, vete que la Rosario te espera, a mí también me esperaba un tiempo... mi Mauricio.

Augusto le besó la mano fría y blanca y esta se fue. Luego, preguntó bruscamente a Rosario:

—¿Qué hay?

—Esa mujer le está engañando...

—¿Qué te importa?

—Todo de usted me importa —dijo Rosario.

—No quiero engañarte.

—No es eso, el mío es cariño, porque usted es un buen hombre, un infeliz.

—Pero, tú también...

—Pase lo que pase, yo seré leal, no confíe en aquella mujer...

—¿Pase lo que pase? —preguntó Augusto y la estrechó en sus brazos— Tú eres la verdadera...

—Ahora no, cuando usted esté más tranquilo —dejó el planchado y se marchó.

Al quedarse solo, Augusto llamó a Domingo para jugar una partida al tute y pedir consejo:

—Esas mujeres me vuelven loco. ¿Qué puedo hacer?

—¡Según y conforme!

—¿Cómo es según y conforme?

—¡Casarse con las dos!

—¡Qué cosas dices, Domingo!

Para distraerse un poco, Augusto fue al casino donde lo esperaba un amigo suyo, llamado Antonio, que le reveló un secreto de su vida. Se había casado de joven con una chica a la que quería mucho, pero esta lo abandonó por otro que, a su vez, había dejado a su esposa y a la hija pequeña de los dos. Antonio y la mujer a la que este hombre había abandonado decidieron vivir juntos para consolarse el uno a la otra y al final hasta tuvieron cuatro hijos, a pesar de no quererse de verdad. Augusto quedó boquiabierto y no paró de reflexionar sobre esa historia y la suya.

Después, Augusto había quedado con Víctor y le preguntó cómo habían recibido, al final, al "intruso", al niño recién nacido. Y Víctor le dijo que hasta pocas horas antes, su mujer y él se habían peleado echándose la culpa el uno a la otra: "¡Tú quisiste un hijo!". "¡No, fuiste tú! ¡Tan tranquilos estábamos!".

—Y ahora, en cambio, estamos muy contentos con ese bebé que tenemos. Ver crecer a un hijo es lo más dulce y terrible a la vez. ¡No te cases, Augusto!

—Si no me caso, ¿qué hago?

—¡Dedícate a filósofo! —y se despidieron.

«¿Filósofo? Eso no, pero podría visitar al importante erudito Sánchez Paparrigópulos...» y se salió de la entrevista con el importante y erudito consejo de casarse con una de las dos mujeres o buscarse una tercera, pero dos mujeres, ¡nunca!

Y meditando, se fue a casa: «De modo que, o renuncio a Rosario o a Eugenia o más bien, de forma puramente ideal, puedo pensar en Liduvina... Eugenia que me habla a la imaginación y a la cabeza, Rosario que me habla al corazón y Liduvina que me habla al estómago... ¡Una idea luminosa! Voy a fingir pretender de nuevo a Eugenia a ver qué me dice... No, no. Es una mujer de palabra, no es posible que me admita, pero, ¿las mujeres guardan una palabra dada?»

—Rosarito le espera —anunció Liduvina.

—Dime, Liduvina, ¿las mujeres sabéis guardar la palabra?

—Unas palabras se dan para guardarlas y otras para no guardarlas. Según y conforme.

—Bueno, bueno, que pase Rosario.

Cuando ella entró, decidió hacer un experimento de psicología femenina:

—Sabes que quiero a otra mujer. ¿Y a ti no te importa?

—Ahora no, porque parece que me quiere a mí —y bruscamente lo abrazó y besó.

«¡Ahora soy yo el experimentado!» pensó Augusto y, empezó a sentarse, levantarse, abrazarla, y Rosario creyó que estaba loco.

Después de leer

Comprensión lectora

1 **Completa las frases con las palabras del cuadro. Luego ordena las secuencias según aparecen en el capítulo.**

cariño	pianista	experimento	amigo	partida
regalo	palabra	secreto	pelea	anuncia

1 ☐ Liduvina anuncia que la .... ha venido a ver a Augusto.
2 ☐ Augusto llama a Domingo para jugar una .... al tute.
3 ☐ Rosario siente .... hacia Augusto ya que cree que es un infeliz.
4 ☐ La tía Ermelinda .... a Augusto que Eugenia se ha peleado con su novio.
5 ☐ El amigo Antonio revela a Augusto un .... de su vida.
6 ☐ Augusto afirma que quiere ser un hombre de .... y por lo tanto, hará el viaje prometido.
7 ☐ Víctor cuenta que ha tenido una .... con su mujer.
8 ☐ Cuando Rosario entra, Augusto quiere hacer un .... con ella.
9 ☐ Eugenia acepta el .... de la casa, pero sin comprometerse con Augusto.
10 ☐ Augusto le dice a la tía Ermelinda que solo será buen .... de Eugenia y que hará un viaje.

2 **Marca con una ✗ si las afirmaciones son verdaderas (V) o falsas (F).**

		V	F
1	Augusto confía en las palabras de Eugenia y de la tía.	☐	☐
2	Eugenia acepta el beso de Augusto.	☐	☐
3	Eugenia no está segura de quererle a Augusto.	☐	☐
4	Augusto quiere jugar una partida para pedir un consejo.	☐	☐
5	El amigo Antonio quiere locamente a su mujer.	☐	☐
6	Víctor le aconseja a Augusto diciéndole que se dedique a la filosofía.	☐	☐
7	Víctor y su mujer ahora no están para nada contentos de tener un niño.	☐	☐
8	Augusto, después del beso de Rosario, se demuestra tranquilo.	☐	☐

Comprensión auditiva

pista 12

3 DELE **Escucha con atención el capítulo y señala con una cruz la respuesta correcta.**

1 La tía Ermelinda fue a buscar a Augusto después de...
- **a** ☐ varios días.
- **b** ☐ un par de días.
- **c** ☐ mucho tiempo.

2 La tía dice que Eugenia quiere...
- **a** ☐ casarse con él.
- **b** ☐ hacer las paces.
- **c** ☐ casarse con Mauricio.

3 Eugenia le dice a Augusto que ha venido...
- **a** ☐ a jugar con él.
- **b** ☐ a comprometerse con él.
- **c** ☐ a avisarle de un engaño.

4 Rosario piensa de Augusto que es un hombre...
- **a** ☐ infeliz.
- **b** ☐ cariñoso.
- **c** ☐ engañado.

5 Domingo aconseja a Augusto que...
- **a** ☐ se case con las dos muchachas.
- **b** ☐ deje a ambas mujeres.
- **c** ☐ se haga filósofo.

6 El filósofo Sánchez Paparrigópulos dice a Augusto que...
- **a** ☐ mantenga una relación con las dos mujeres.
- **b** ☐ elija una de las dos.
- **c** ☐ no busque una tercera.

7 Liduvina afirma que lo de guardar una palabra dada...
- **a** ☐ depende de la palabra.
- **b** ☐ es imprescindible.
- **c** ☐ no es importante.

pista 12

4 **Vuelve a escuchar y marca con una ✗ cómo se siente Augusto a lo largo de todo el capítulo.**

a ☐ ofendido
b ☐ diabólico
c ☐ engañado
d ☐ arrepentido
e ☐ amistoso
f ☐ cariñoso
g ☐ feliz
h ☐ leal
i ☐ confuso
j ☐ contento
k ☐ tranquilo
l ☐ loco
m ☐ seguro
n ☐ avergonzado

Léxico

5 **Ahora completa las oraciones con algunas de las palabras del ejercicio anterior.**

1 A Pablo le han pillado copiando el examen: ahora se siente muy ....
2 No sé qué hacer, si decirles la verdad a mis padres o callarme: estoy muy .... en este momento.
3 Tranquila, mujer, puedes confiar en él: siempre ha sido .... con sus amigos.
4 Tu perro Orfeo es muy .... conmigo: siempre me lame las manos.
5 ¡Me has ...., Juanjo, no te voy a hablar más en mi vida!
6 Perdóname, me he ...., no debía hacerte un feo.
7 Carlos es el gracioso de la pandilla, siempre cuenta chistes, le gusta demostrarse .... con todos.
8 Gracias al yoga, ahora soy un hombre muy .... y .... de mí mismo.

6 **Tanto Domingo como Liduvina en este capítulo usan el mismo modismo. Búscalo y subráyalo. ¿A qué se refieren?**

Modismo: ....

a ☐ A algo cierto, claro, evidente.
b ☐ A algo que se puede discutir.
c ☐ A una conducta conforme, justa.

Gramática

El presente de subjuntivo

Se forma a partir de las raíces del presente de indicativo y añadiendo las siguientes desinencias:

1ª conjugación: **-e; -es; -e; -emos; -éis; -en**

2ª y 3ª conjugación: **-a; -as; -a; -amos; -áis; -an**

Los verbos con primera persona irregular mantienen la raíz de la primera persona en todas las personas.

Los verbos de diptongación diptongan todas las personas menos la primera y segunda plurales, mientras que los verbos de cambio vocálico cambian la "**e**" en "**i**" en todas las personas.

El subjuntivo en frases independientes

Expresa **deseo**, **hipótesis** y **probabilidad.** Los marcadores que se usan solo con el subjuntivo son: **ojalá**, **es posible que; puede (ser) que; lo más probable es que.** Los marcadores que se usan también con el indicativo (cuando indica la opinión del hablante o cuando indica algo cierto) son: **tal vez; quizá (s); acaso; probablemente** y **posiblemente**.

7 Completa con los verbos que faltan.

	Charlar	Describir	Volver	Pedir	Tener
yo			vuelva		
tú		describas			
él/ella, usted					
nosotros/as	charlemos				
vosotros/as				pidáis	
ellos/as, ustedes					tengan

8 Conjuga los verbos entre paréntesis en presente de subjuntivo, luego di si se trata de un deseo (D), una hipótesis (H) o probabilidad (P).

1 Puede ser que Augusto (*enamorarse*) .... (....) de Rosario.
2 Lo menos probable es que Eugenia le (*pedir*) .... (....) disculpas a Augusto.
3 Es posible que Víctor y su mujer (*pelearse*) .... (....) por culpa del bebé.

4 Ermelinda sueña con que Eugenia (*casarse*) .... (....) con Augusto.

5 Tal vez Rosario (*competir*) .... (....) con Eugenia para obtener el amor de Augusto, aunque lo veo difícil.

6 ¡Ojalá mi amigo Víctor (*ser*) .... (....) feliz por toda la vida con su hijo!

Expresión escrita y oral

9 Haz el resumen del capítulo usando algunos de los siguientes conectores: *en primer lugar, luego, además, después, pero, en cuanto, cuando, en cambio, sin duda, de hecho, en efecto, desde luego, sino, en resumidas cuentas, al fin y al cabo, para terminar, finalmente*.

10 ¿Qué quiere decir con esta frase Augusto?

«Eugenia que me habla a la imaginación y a la cabeza, Rosario que me habla al corazón y Liduvina que me habla al estómago...»

11 En este capítulo Domingo, Víctor y Sánchez Paparrigópulos le dan un consejo a Augusto. Búscalos y cópialos aquí abajo. Luego contesta a la pregunta y dale tú mismo un consejo.

Domingo: ....

Víctor: ....

Sánchez Paparrigópulos: ....

Tú: ....

1 Esto hace que Augusto se sienta cada vez más...

a ☐ rabioso.

b ☐ enamorado.

c ☐ confuso.

12 Augusto piensa de Eugenia: que «*quiere convencerme para que yo la perdone ahora que ha roto con su novio. Antes yo era "el otro" y ahora soy "el uno", ¡pero yo le dije enseguida que iba a pagar la casa sin compromisos!*». ¿Crees que de verdad ahora él es "el uno" y Mauricio "el otro", o sea menos importante?

Antes de leer

1 **A lo largo del texto encontrarás las siguientes palabras. Relaciona los nombres con las fotos.**

a tempestad **b** experimento **c** pago **d** rana

2 **Ahora completa las oraciones con las palabras del ejercicio anterior.**

1 La transferencia bancaria es una forma de ....
2 La .... croa y luego se tira a la charca.
3 La científica tras hacer un ...., descubrió una nueva molécula.
4 No salgas con el barco, el parte dice que va a haber una ....

3 **En la página siguiente está la ilustración de entrada al capítulo 7. Obsérvala atentamente y contesta las siguientes preguntas.**

1 ¿Quién es el personaje y qué está haciendo?
2 ¿Quién le habrá escrito la carta en sus manos?
3 ¿Crees que son buenas o malas nuevas? ¿Por qué?

CAPÍTULO **7**

EXPERIMENTOS, BODAS Y HUIDAS

Augusto fue a ver al hijo de Víctor y le pidió consejo a su amigo. Víctor ya se había dado cuenta de que algo alarmante le estaba pasando y sencillamente le dijo:

—¡Cásate lo antes posible con una de las dos, con la que tengas más a mano y sin pensarlo!

Pero Augusto le contestó que se estaba dedicando a la psicología femenina y Víctor le dijo que la única forma de psicología femenina era el matrimonio.

—Dudo, amigo Víctor...

—¿Dudas? Luego piensas. ¿Piensas? Luego eres.

—¿Y la imaginación?

—Sí, por ejemplo suelo dudar lo que les he de hacer decir o hacer a los personajes de mi nivola. Sí, cabe duda en el imaginar, que es un pensar...

Mientras Augusto y Víctor charlaban nivolescamente, yo, el autor de esta nivola, que tienes, lector, en la mano, me decía a mí mismo: «¡Cuán lejos están estos infelices de pensar que no están haciendo otra cosa que tratar de justificar lo que estoy haciendo con ellos! Yo soy el Dios creador de estos dos pobres diablos nivolescos. Pero volvamos a nuestra historia...»

Augusto se dirigió a casa de Eugenia para intentar la última experiencia de psicología femenina, y se la encontró en la escalera mientras bajaba para salir cuando él subía para entrar.

—Usted aquí, don Augusto. ¿Quiere hablar con mi tío?

—No, contigo, pero si está tu tío, lo dejamos para otro día...

—No, no, ahora mismo, las cosas en caliente...

—Es que no me puedo resignar a que seamos solo buenos amigos...

—¿Quiere que seamos menos que amigos?

—¡No, eso no! Quiero... que... ¡seamos marido y mujer!

—Pues bien, Augusto —dijo Eugenia pausadamente y con solemnidad—, ya que tú, que al fin y al cabo, eres un hombre, no te crees obligado a guardar la palabra que me diste, yo que soy mujer tampoco debo guardarla. Además quiero librarte de la Rosario y si acepto no es por el regalo que me hiciste o por lo de Mauricio, sino por compasión...

«Me siento la rana... [1]» pensó el psicólogo experimental.

—Sí, me das pena —y le dio un golpecito en la rodilla.

1. Las ranas se solían usar en los experimentos científicos.

CAPÍTULO 7

Augusto le tendió los brazos para abrazarla pero ella le rechazó:

—A un amigo pueden permitírsele ciertas libertades que al novio no —y Augusto se sintió perfectamente rana...

Llamaron al tío y este se alegró:

—¡Admirable! —exclamó.

—¿Le parece admirable que nos casemos, tío?

—No es eso, sino la manera de haber resuelto los dos solos, sin medianeros [2] ... ¡Viva la anarquía!

En aquel momento entró la tía, que se dio cuenta de todo:

—¿Cosa hecha? Muy bien. Ya lo sabía yo.

Augusto pensaba: «¡Rana, rana completa! ¡Me han pescado estos tres!»

Empezó para Augusto una nueva vida, ya que casi todo el día lo pasaba en casa de su novia. Rosario no volvió a verle.

Un día Augusto le pidió a Eugenia un poco de música con el piano, porque quería escribir unos versos inspirándose en ella. Pero ella lo hizo de mala gana. Después hablaron un poco de la boda y Eugenia le dijo que hijos sí, pero perros no.

—¡Pero, Eugenia! Ya sabes que lo encontré en la calle —dijo él hablando de Orfeo—, y además es mi confidente. ¿A quién dirijo mis monólogos?

—Nada de monólogos ni de perros después de casados —remató Eugenia.

Otro día le reveló a Augusto que Mauricio la perseguía para comprometerse con ella.

—Para resolver el problema de ese sinvergüenza —propuso Eugenia— podrías buscarle un trabajo y que sea lejos.

A la mañana siguiente, Augusto ya le había conseguido un

2. **medianeros** : personas que interceden entre dos personas.

empleo. Por eso, Mauricio fue a agradecérselo. Augusto sentía curiosidad y rabia al mismo tiempo hacia el hombre que había sido un tiempo novio de su Eugenia.

—No debe darme las gracias, solo dejar en paz a Eugenia.

—¡Pero, si yo no la he molestado nunca! Desde que me ha dejado, y ha hecho bien, no la he vuelto a ver y me he consolado como he podido...

—Pues bien, déjenos en paz, ahora tiene un trabajo lejos de aquí.

—Y pienso llevarme a una muchachita que usted conoce, una tal Rosarito que le llevaba el planchado. Nos hemos consolado porque a ambos nos han despreciado, a mí Eugenia y a Rosario...

Augusto tuvo la tentación de estrangularlo: palideció, se encendió y cogió a Mauricio y lo arrojó al sofá, pero este le dijo con frialdad:

—Mírese, Augusto, en mis ojos y verá lo pequeñito que es usted.

El pobre Augusto creyó derretirse y le pareció que la habitación se convertía en niebla.

—Perdón, don Augusto, no ha sido nada. Solo un arrebato, no me di cuenta. Adiós, gracias. —Y con una sonrisa socarrona,[3] se fue.

Augusto llamó a Liduvina para preguntarle si de veras había estado allí el tal Mauricio, porque le había parecido todo un sueño. Liduvina dijo que iba a llamar a Orfeo como consuelo para su amo. Y, de hecho, Augusto, solo lo estrechó entre los brazos diciéndole:

—¡Ay, Orfeo! Pobrecito, dentro de pocos días me casaré y tendré que echarte de nuestra casa. ¿Qué harás sin mí? Tú serás capaz de dejarte morir sin tu amo. ¿Cómo es posible que quieran echar a un símbolo de fidelidad como tú? A lo mejor porque eres capaz de leer dentro de las personas. Estás triste, Orfeo, lloras sin lágrimas.

En cambio, el que dentro de poco iba a ponerse triste era el mismo Augusto, que no sabía la sorpresa que le esperaba.

3. **socarrona** : astuta, burlona, sarcástica.

CAPÍTULO 7

Un día Augusto fue hablar de la boda con su novia y cuanto más intentaba acercarse a ella, Eugenia le rechazaba y le nombraba a menudo a Rosario con aire de misterio. A Augusto le atormentaba la idea de una huida de la inocente Rosario con un gamberro[4] como Mauricio y sentía celos y rabia. Casi tenía ganas de ir a buscarla y decirle a Eugenia:

«Aquí tienes a Rosario y es mía, no de tu Mauricio», pero la boda se acercaba y debía tener paciencia.

La mañana siguiente Liduvina le despertó para darle una carta en la que Eugenia le decía:

Querido Augusto:

Me he escapado con Mauricio al pueblo donde tú le has encontrado trabajo, viviremos de la renta, que con mucha bondad, nos has asegurado con el pago de la hipoteca. El plan de Mauricio era escaparse el día de la boda, pero a mí me pareció demasiado cruel. Cuando estés menos enfadado, te explicaré la cosa y creo que quedaremos amigos.

P.S. Rosario no viene con nosotros, puedes consolarte con ella.

Augusto, completamente anonadado,[5] fue a a casa de Fermín y Ermelinda que, muy tristes, confirmaron la huida de Eugenia. Después fue a casa y le dijo a su criada:

—Liduvina, me ha matado.

—¿Quién?

—Ella.

Y se encerró en su cuarto con el perro:

—Orfeo, tranquilo, nadie nos separará —y, sintiendo una especie de tempestad por dentro que parecía calma, rompió a llorar.

4. **gamberro** : vándalo, que comete actos incívicos.
5. **anonadado** : muy impresionado.

Después de leer

Comprensión lectora

1 Une los siguientes elementos para formar oraciones completas.

1 Augusto fue a ver
2 Augusto se dirigió a casa de Eugenia
3 Augusto pasaba casi todo el día
4 Eugenia reveló que Mauricio
5 Augusto consigue
6 Augusto cogió a Mauricio y
7 Liduvina le trajo a Augusto
8 Fermín y Ermelinda confirmaron

a ☐ en casa de su novia.
b ☐ la huida de Eugenia.
c ☐ para hacer un experimento de psicología.
d ☐ una carta de Eugenia.
e ☐ un empleo para Mauricio.
f ☐ al hijo de su amigo Víctor.
g ☐ la perseguía para comprometerse con ella.
h ☐ lo arrojó al sofá.

2 Responde en tu cuaderno a las siguientes preguntas.

1 ¿Cuál es la única forma de psicología femenina según Víctor?
2 ¿Qué personaje aparece por primera vez en la narración?
3 ¿Qué siente Eugenia por Augusto?
4 ¿Qué es lo que no quiere en su casa Eugenia después de la boda?
5 ¿Cómo se puede resolver el problema de Mauricio?
6 ¿A quién nombra a menudo Eugenia en las conversaciones con Augusto?
7 ¿Qué comunica Eugenia en la carta?
8 ¿Cómo se sienten los tíos al enterarse de la huida de Eugenia?

Comprensión auditiva

pista 14

3 DELE **Escucha la conversación y marca con una ✗ qué dicen Augusto y Mauricio.**

	Augusto	Mauricio
No quiere agradecimientos.		
Se ha consolado.		
No ha molestado nunca a Eugenia.		
Quiere estar en paz.		
Piensa llevarse a Rosario.		

Léxico

4 **El estado anímico de Augusto cambia a menudo en este capítulo. Sustituye las expresiones en negrita por otras de significado equivalente que aparecen a lo largo del texto.**

1 Augusto sentía **enojo y quería saber cómo era Mauricio** al mismo tiempo.

2 Augusto **perdió el color y sintió como una ola de fuego**.

3 El **desgraciado** Augusto creyó **desmayarse**.

4 A Augusto le **angustiaba** la idea de una huida de Rosario con Mauricio.

5 Augusto sintió una especie de **agitación violenta** por dentro que le parecía **tranquilidad** y **las lágrimas empezaron a fluir de sus ojos.**

5 **Cuando Augusto va a ver a Eugenia, esta usa un modismo que significa que es mejor arreglar las cosas enseguida sin perder el tiempo. ¿De qué modismo se trata?**

A continuación, busca un significado parecido entre los siguientes:

a ☐ andar por las ramas

b ☐ ir al grano

c ☐ hablar por los codos

Gramática

Los verbos pronominales en imperativo

Cuando los **pronombres reflexivos** (*me, te, se, nos, os, se*), los de **objeto directo** (*me, te, lo/la, nos, os, los/las*) y de **objeto indirecto** (*me, te, le, nos, os, les*) se combinan con el imperativo positivo, se ponen al final del verbo y forman una palabra única. Al revés, cuando se forma el imperativo negativo, los pronombres van delante del verbo.

Ej. *Levánta**te**; siénte**se**.* Pero: ***no te acuestes.***
*Come la tarta: cóme**la**.* Pero: ***no la comas.***
*Da**me**; entréga**les**...*
Compra el periódico: *cómpra**telo**.* Pero: ***no te lo compres.***

Cuando se pone el pronombre de segunda persona plural **-os**, se quita la "-d" de la forma verbal.

Ej. *levanta**os**; calla**os**.*

6 **Transforma las expresiones en imperativo de tú y vosotros. Fíjate en el ejemplo.**

0 Darse cuenta de algo alarmante. *Date cuenta / Daos cuenta*
1 Casarse lo antes posible.
2 Dejarlo para otro día.
3 Resignarse a ser buenos amigos.
4 Guardar la palabra dada.
5 Resolver el problema de Mauricio.
6 Dejar en paz (a nosotros).
7 Decirle adiós.
8 Acercarse a Eugenia.
9 Contárles la verdad a Eugenia y Mauricio.
10 Escribir a Augusto.

7 **Ahora transforma las oraciones en imperativo negativo. Sigue el ejemplo:**

0 Date cuenta/Daos cuenta. *No te des cuenta/No os deis cuenta.*

8 **Transforma las oraciones en *tú* y *vosotros* usando la asociación entre pronombre objeto indirecto + pronombre objeto directo (se lo/se la/se los/se las). Fíjate en el ejemplo.**

0 Enviar una respuesta a Eugenia. *Envíasela. / Enviádsela.*
1 Pedir un consejo a Víctor.
2 Escribir unos versos a Eugenia.
3 Agradecer a Augusto.
4 Llevar el planchado a Liduvina.
5 Contarle la verdad a Orfeo.
6 Buscar un trabajo a Mauricio.

9 **Completa con un pronombre reflexivo, un complemento directo o indirecto.**

1 Augusto va a ver al hijo de Víctor y .... pide un consejo.
2 Víctor le dice que .... case antes que sea demasiado tarde.
3 Cuando Augusto volvió a casa de Eugenia, ... la encontró en la entrada.
4 Eugenia dice a Augusto que .... quiere librar de Rosario.
5 Al tío Fermín no .... parece raro que .... casen.
6 Augusto dice que a Orfeo .... ha encontrado en la calle.
7 Augusto piensa escribir unos versos inspirándo......... en Eugenia.

Expresión oral y escrita

10 **Augusto repite varias veces que se siente “rana”. ¿Qué quiere decir con esta expresión? Y tú, ¿te has sentido alguna vez “rana”? Explícaselo a tu compañero.**

11 **La palabra “niebla” aparece muchísimas veces a lo largo de toda la novela. Búscala y subráyala. A continuación responde a las siguientes preguntas, pensando sobre todo en la existencia de Augusto, en su confusión y en las dudas que manifiesta.**

1 ¿Por qué crees que Unamuno ha elegido este título?
2 ¿A qué se refiere la niebla unamuniana?

¿Personajes reales o *de ficción?*

«Es que creo que los personajes de ficción tienen dentro de la mente del autor (...) una vida propia, con cierta autonomía», decía Unamuno en *Vida de Don Quijote y Sancho* (1913). Lo hizo Unamuno con su misma invención literaria, Augusto, repitiendo el juego de la creación literaria que en la historia de la literatura española ha dado vida a personajes entrañables, apasionantes, en pocas palabras, imborrables. El Cid Campeador, el Caballero de Olmedo, la Celestina, Lazarillo y muchos más. El límite entre fantasía y realidad es frágil. Y lo que ocurre es que se confunda ese límite y que ellos, los personajes, adquieran "vida" y que engañen al lector que los ve como una representación de España. En cambio, se trata de tipos tan especiales, tan clásicos y humanos a la vez, que se han convertido en modelos en los cuales es imposible, de vez en cuando, no reconocerse o reconocer rasgos típicos de la humanidad entera. De ahí que se diga "combatir contra los molinos de viento" cuando intentamos algo imposible y nos estrellamos contra la realidad tal como lo hizo el famoso caballero andante junto con su fiel escudero. De ahí el nacimiento de adjetivos y sustantivos a partir de los grandes personajes de la literatura: "celestinesco", "picaresco", "perro lazarillo", "ser un donjuan". Tal vez los más reconocidos mundialmente sean: Don Quijote, Carmen y Don Juan.

Don Quijote

Unamuno, como muchos otros críticos literarios y escritores, intentó descubrir en este personaje famosísimo «la clave de nuestro destino, la filosofía española». A veces, incluso tomándose la libertad de discrepar contra el mismo Cervantes, ya que se sentía «más quijotista que cervantista» y esto se debe a que la figura del loco hidalgo manchego se ha convertido en una figura trascendental, eterna, un arquetipo. Don Quijote es el protagonista de una novela global, quizás la primera novela realista, cuya acción principal gira en torno a las tres salidas del protagonista por las tierras de España a la búsqueda de aventuras en el anacrónico papel de caballero andante, después de haberse vuelto loco por haber leído demasiadas novelas de caballería, género que Cervantes pretendía ridiculizar. La locura de Don Quijote es un pretexto: loco a la hora de emprender batallas contra los que cree gigantes y magos malvados, pero cuerdo por demostrar juicio y compasión a la hora de proteger a los débiles y ayudar a los menesterosos. Y, por eso, muy humano y simpático. Si al comienzo de la novela las desaventuras resultan ridículas, al final, tras páginas y páginas, resulta triste despedirse para siempre del último héroe de la edad antigua y primero de la edad moderna cuando, herido por el desengaño y la desilusión, morirá.

Don Juan

Cortejador, seductor, jactancioso, mujeriego impenitente. Esta es la definición del sustantivo "donjuan". Pero, ¿a quién se remonta este mito universal que tanta fama sigue teniendo? Todo empezó con el dramaturgo del Siglo de Oro, Tirso de Molina, quien inventó un noble sevillano, don Juan, protagonista de la comedia *El burlador de Sevilla* o *Convidado de piedra* (1630). Don Juan, en Nápoles, seduce a la duquesa Isabela haciéndose pasar por su novio Octavio. El rey quiere matarlo y vengar el agravio, pero él consigue huir a España junto con su criado Catalinón. Una vez en Sevilla, don Juan intenta seducir a doña Ana, hija de don Gonzalo de Ulloa. Don Juan se enfrenta con este en duelo y el padre de doña Ana muere. Don Juan huye nuevamente, y regresa varios años después a Sevilla, donde se burla de la estatua de piedra de don Gonzalo en el cementerio, y este le invita a cenar en su capilla. Durante la cena infernal, don Gonzalo agarra a don Juan y lo arrastra al infierno sin darle tiempo para el perdón. El intento de la obra es demostrar que la salvación divina solo se consigue a través de la fe y de una vida digna, abogando por la tesis del libre albedrío frente a la predestinación. A partir de aquí, don Juan adquiere fortuna e inspirará a muchos autores: en 1665 Molière escribirá *Don Juan y el festín de piedra*, y su personaje será más malvado e hipócrita; el *Don Juan* de Lord Byron (1818-1823) comparte con *El estudiante de Salamanca* de Espronceda (1840) la idea romántica del personaje indivualista y rebelde frente las leyes en un ambiente tétrico y lóbrego. Con Mozart y el libreto de Lorenzo da Ponte, el personaje pasa a la ópera lírica: *Don Giovanni* (1787). Pero quizás el más famoso sea el romántico *Don Juan Tenorio* (1844) de José Zorrilla, obra en la que el personaje se arrepentirá al final gracias a la intervención de doña Inés, la mujer seducida, abandonada y un día, tal vez, amada. Cínico, arrogante, fanfarrón, audaz, disoluto, seductor irresistible, la fortuna de este personaje consiste no solo en su capacidad de seducir sino en lo que representa: el desafío humano de toda ley.

Carmen

Después del loco caballero y el guapo seductor, viene otro personaje tópico: Carmen, que representa la mujer española o, más bien, sevillana: atractiva, guapa y descarada. Aunque parece una paradoja, el mito de Carmen no nació en España, sino en Francia, en la novela *Carmen* (1845) de Prosper Mérimée. Mérimée se coloca entre Romanticismo y realismo, en resumidas cuentas, costumbrista. El escritor se sentía atraído por temas fuertes, pasionales, pero, al mismo tiempo, anecdóticos y folclóricos, y España se convirtió en el lugar perfecto donde buscar inspiración. Sucesivamente, el compositor francés Georges Bizet (1838-1875) musicó la historia, a partir del libreto de los autores H. Meilhac y L. Halévy. La ópera se estrenó en 1875 y, a pesar

de ser recibida con polémicas debido a la protagonista considerada escandalosa, llegó a 48 representaciones. Desafortunadamente Bizet murió a los 36 años sin saber que su Carmen iba a cosechar éxito inmenso y adptaciones de todo tipo, incluso películas, flamenco y teatro. Pero ¿quién es Carmen? Se trata de una hermosa gitana que trabaja en la fábrica de puros de Sevilla, alrededor del año 1820. Carmen, al salir de la fábrica, se pelea con una compañera y la hiere con su cuchillo. El brigadier don José la lleva a la cárcel. Carmen, con su temperamento altivo, fiero y fascinante, consigue seducir a don José a fin de obtener la libertad. Don José, dejando a su prometida, la inocente Micaela, la sigue al monte donde ella se une a unos contrabanderos. Pero el amor entre los dos dura poco, ya que pronto Carmen se enamora del admirado torero Escamillo. Después de una corrida, don José se queda solo con ella suplicándole que vuelva con él, pero ella se niega y él la apuñala. La fortuna de Carmen se debe a su personaje cínico, popular, seductor y, sobre todo, por ser una mujer libre.

Comprensión lectora

1 Completa las siguientes frases.

1 La creación literaria en la historia de la literatura española...

....

2 Al pensar en Don Quijote, Unamuno se consideraba...

....

3 Don Quijote es un loco cuerdo porque...

....

4 En el diccionario, el término "donjuan" se refiere a...

....

5 Al final de *Don Juan Tenorio*, el protagonista...

....

6 El compositor francés Bizet musicó...

....

Antes de leer

1 A lo largo del texto encontrarás las siguientes palabras. Relaciona los nombres con las fotos.

a charco
b náufrago
c despacho
d fantoche
e tabla
f mesa camilla

1

2

3

4

5

6

2 Ahora completa las definiciones con las palabras del ejercicio anterior.

1 El .... es una persona de aspecto grotesco o un muñeco que se mueve por medio de una cruceta e hilos.

2 La .... es redonda y provista de una tarima en la que se puede colocar un brasero.

3 La .... es una pieza de madera plana, más larga que ancha y no muy gruesa.

4 El .... es agua retenida en un hoyo o cavidad de la tierra.

5 El .... es una habitación de la vivienda destinada al trabajo intelectual o profesional.

6 El .... es una persona que ha sufrido un naufragio, que se ha hundido en el mar.

CAPÍTULO **8**

UN DESCUBRIMIENTO INESPERADO

Víctor encontró a su amigo muy deprimido.

—Se han burlado de mí, han querido demostrarme que... ¡no existo!

—Querido Augusto, fuiste experimentador, pensaste que Eugenia era la rana y es ella la que te ha tomado a ti por rana. Ahora a croar, a chapuzarte en el charco de la vida que todo lo confunde: realidad y ficción en una sola niebla y luego... ¡a vivir otra vez!

—¿Qué quieres decir?

—Experimenta en ti mismo.

—Sí. ¿Qué quieres? ¿Que me suicide?

—No digo que no, esta podría ser una solución. Pero lo que quiero decir es: ¡devórate! ¡Vive!

CAPÍTULO **8**

—Pero si hace años que creía ser un muñeco de niebla, un fantoche y ahora me siento tan vivo...

—¡No pienses! Ser o no ser... ¡devórate!

Y salió Víctor dejando a Augusto muy confundido. Y aquella tempestad que sentía en el alma terminó en la decisión firme de suicidarse. Pero antes de llevar a cabo su propósito, como el náufrago que se agarra a una tabla, decidió consultarlo con el autor de esta historia, porque había leído Augusto un ensayo mío en el que hablaba del suicidio, aunque de pasada. Así que viajó a Salamanca y se presentó en mi casa. Con una sonrisa enigmática, lo invité a mi despacho-librería. Empezó hablándome de mis obras literarias demostrando conocerlas bien, y luego me contó sus desgracias. Le interrumpí diciéndole que ya lo sabía todo, incluso los más mínimos pormenores.[1] *Me miró con ojos de terror.*

—Parece mentira... —repetía.

—No, ninguna mentira, tú has leído algo mío, y, abrumado[2] por tus desgracias, has pensado venir a verme porque quieres suicidarte. Pero es que tú no puedes suicidarte, aunque lo quieras.

—¿Cómo? —balbuceó.

—Sí, para que uno se pueda matar a sí mismo, ¿qué necesita?

—Que tenga valor para hacerlo.

—No —le dije—. ¡Qué esté vivo! Y tú no lo estás.

—¿Es que no estoy vivo? —dijo al palparse a sí mismo.

—La verdad es, querido Augusto —le dije con la más dulce de mis voces—, que no puedes matarte porque no estás vivo, ni tampoco muerto, porque no existes...

1. **pormenores** : detalles.
2. **abrumado** : agobiado, confundido, desconcertado.

—¡¿Cómo que no existo?! —exclamó.

—No. Existes solo como ente de ficción, eres un producto de mi fantasía. Yo he escrito de tus aventuras. Tú no eres más que un personaje de novela, de nivola. Ya sabes, pues, tu secreto.

Al oír esto, el pobre hombre me miró con una mirada perforadora, miró mi retrato al óleo, se incorporó, recuperó el color y, sonriéndome, dijo:

—Mire usted bien, don Miguel... que sea usted y no yo el ente de ficción, el que no existe en realidad, ni vivo ni muerto. ¿No será que me usa usted a mí como pretexto para que el mundo conozca mi historia?

—¡Eso me faltaba! —exclamé molesto.

—Cálmese, señor Unamuno. Usted ha dudado de mi existencia...

—¡Dudas no! ¡Certezas! —contesté.

—Bueno, a veces yo mismo dudo de mi existencia. ¿No es usted el que dice en sus libros, que don Quijote y Sancho no son ya reales, sino más reales que Cervantes? Cuando un hombre sueña, ¿es más real él como soñador o su sueño?

—¿Y si se sueña a sí mismo, el soñador?

—En ese caso, amigo don Miguel, le pregunto: ¿de qué manera existe él, como soñador que sueña o como soñado por sí mismo? Y al admitir esta discusión conmigo, ya me está reconociendo una existencia.

—¡No, eso, no! Tú no existes fuera de mí —dije vivamente.

—Y además un novelista, un dramaturgo no puede hacer todo lo que quiere con sus personajes... Yo ahora tengo mi carácter y mi lógica, y esta lógica me pide que me suicide.

—¡Eso te crees tú, pero te equivocas!

—Y hay otra cosa...

—¿Cuál es? —le pregunté.

Me miró con una enigmática sonrisa y dijo:

—Más difícil aún que el que uno se conozca a sí mismo, es el que un novelista o un autor dramático conozca bien a sus personajes que finge o... cree fingir.

Empezaba yo a perder la paciencia:

—¡Basta! —grité, dando un puñetazo sobre la mesa camilla—. ¡Cállate! ¡No quiero oír más impertinencias de una criatura mía! ¡Vas a morir muy pronto!

—¿Cómo? ¿Me va usted a matar? ¿Va a hacerme morir? —exclamó Augusto.

—¡Sí, voy a hacer que mueras! ¿Querías suicidarte y ahora te resistes a que te mate yo?

—No es lo mismo... La mayoría de los suicidas —dijo Augusto— son homicidas frustrados; se matan a sí mismos porque les falta valor para matar a otros...

—Te entiendo, Augusto, tú quieres decir que si tuvieses valor para matar a Eugenia o a Mauricio, no pensarías en matarte a ti mismo, ¿eh?

—Mire, don Miguel, a esos dos, precisamente, no...

—¿A quién pues?

—¡A usted! —y me miró a los ojos.

—¿Cómo? —exclamé poniéndome de pie—. ¿Tú piensas matarme, a mí? Esto es imposible, sucede solo en las...

—¿Nivolas? —concluyó con sorna[3] Augusto.

—¡Bueno, basta! Esto no se puede tolerar, vienes a consultarme a mí, y luego ¿empiezas a poner en duda mi propia existencia? ¡Yo puedo hacer de ti lo que me dé la real gana!

—¡No sea tan español, don Miguel!

3. **sorna** : tono irónico y burlón.

CAPÍTULO **8**

—Pues, sí, soy español, de nacimiento, de educación, de cuerpo y espíritu, de lengua y de profesión; el españolismo es mi religión, mi...

—¿Y qué?

—Que en cuanto llegues a tu casa, Augusto, te morirás.

—Pero, ¡por favor! —suplicó Augusto, tembloroso y pálido—. No quiero morir, quiero vivir...

—¡Te morirás! ¿No pensabas matarte?

—¡Oh, si es por eso, señor Unamuno, no lo haré se lo juro, no me quitaré la vida que, que... me dio usted. Se lo ruego...

—No puede ser...

—Quiero vivir, vivir... —lloraba.

—No puede ser...

—Quiero ser yo, ser yo —decía suplicante y de rodillas.

—No puede ser, pobre Augusto —le dije levantándole—. Ya no sé qué hacer de ti, es irrevocable. Te morirás o acabarás por matarme a mí. ¡Vete!

—Conque[4] no, ¿eh? No quiere usted dejarme ser yo, salir de la niebla, vivir, verme, oírme, tocarme, sentirme, serme. Pues, bien, mi señor creador don Miguel, también usted se morirá, Dios dejará de soñarle y volverá a la nada de que salió. ¡Se morirán todos, entes de ficción como yo, como vosotros, porque mi creador, mi don Miguel, no es más que otro ser nivolesco y entes nivolescos los lectores, lo mismo que yo, Augusto Pérez, su víctima...

Lo empujé a la puerta y salió el pobre Augusto cabizbajo,[5] luego se tocó para controlar su existencia y se fue. Yo me enjugué[6] una lágrima furtiva.

4. **conque** : expresión coloquial que indica sorpresa o una conclusión que se desprende de algo.
5. **cabizbajo** : con la cabeza inclinada hacia abajo.
6. **enjugarse** : secarse.

Después de leer

Comprensión lectora

1 Responde a las siguientes preguntas.

1 ¿Por qué Augusto cree que se han burlado de él?
2 ¿Qué decisión toma Augusto tras hablar con Víctor?
3 ¿Quién es el personaje que interviene en la historia y por qué Augusto va a visitarle?
4 ¿Dónde va Augusto a consultar al personaje?
5 ¿Puede suicidarse Augusto? ¿Por qué?
6 ¿Qué se dice de don Quijote y Sancho?
7 ¿Qué descubre Augusto?
8 ¿Qué decide hacer de Augusto, don Miguel de Unamuno?
9 ¿Por qué se toca Augusto al salir de casa de Unamuno?
10 ¿Qué hace don Unamuno cuando cierra la puerta?

2 Marca con una ✗ si las afirmaciones son verdaderas (V) o falsas (F).

		V	F
1	Víctor le dice a Augusto que la única solución es el suicidio.	☐	☐
2	Unamuno le dice a Augusto que para suicidarse se necesita valor.	☐	☐
3	Augusto piensa que, tal vez, el mismo Unamuno es producto de ficción.	☐	☐
4	Unamuno admite una existencia de Augusto fuera de sí mismo.	☐	☐
5	Augusto afirma que es su razón que le pide que se suicide y no la del autor.	☐	☐
6	Augusto piensa que es muy fácil que un novelista conozca a sus personajes.	☐	☐
7	Augusto quiere matar a Eugenia y a Mauricio.	☐	☐
8	Augusto, al final, ya no quiere morir.	☐	☐

Comprensión auditiva

pista 16

3 Escucha el diálogo entre Unamuno y Augusto, luego ordena las oraciones. Numéralas de 1 a 10.

- **a** ☐ Bueno, a veces yo mismo dudo de mi existencia.
- **b** ☐ Soy español, de nacimiento, de educación, de cuerpo y espíritu.
- **c** ☐ ¡No quiero oír más impertinencias de una criatura mía! ¡Vas a morir muy pronto!
- **d** ☐ Pero es que tú no puedes suicidarte, aunque lo quieras.
- **e** ☐ Ya no sé qué hacer de ti, es irrevocable.
- **f** ☐ Existes solo como ente de ficción, eres un producto de mi fantasía.
- **g** ☐ Cuando un hombre sueña, ¿es más real él como soñador o su sueño?
- **h** ☐ Quiero vivir, vivir... Quiero ser yo, ser yo...
- **i** ☐ La mayoría de los suicidas son homicidas frustrados.
- **j** ☐ ¿No será que me usa usted a mí como pretexto para que el mundo conozca mi historia?

4 Vuelve a escuchar. ¿Quién habla? Marca con una ✗.

	Augusto	Unamuno
a		
b		
c		
d		
e		
f		
g		
h		
i		
j		

Léxico

5 **A lo largo de la conversación con Unamuno, Augusto prueba diferentes estados de ánimo. Marca con una ✗ qué siente.**

- **a** ☐ terror
- **b** ☐ socarronería
- **c** ☐ incredulidad
- **d** ☐ desesperación
- **e** ☐ simpatía
- **f** ☐ odio
- **g** ☐ temblor y miedo
- **h** ☐ rabia
- **i** ☐ felicidad
- **j** ☐ paciencia

6 **Al comienzo del capítulo, Víctor cita la voz de un animal. Subráyala. Luego relaciona cada animal con su voz.**

1 ☐	gato	**a**	croar
2 ☐	gorrión	**b**	cotorrear
3 ☐	vaca	**c**	relinchar
4 ☐	rana	**d**	barritar
5 ☐	ratón	**e**	trinar
6 ☐	pato	**f**	maullar
7 ☐	caballo	**g**	chillar
8 ☐	elefante	**h**	mugir

Gramática

Algunas perífrasis de infinitivo

Acabar de + infinitivo: acción recién terminada.
Ej. ***Acabo de darme*** *cuenta del engaño.*

Dejar de + infinitivo: acción o costumbre interrumpida.
Ej. ***Hemos dejado de comer*** *carne.*

Echarse a + infinitivo: comenzar algo de forma inesperada.
Ej. *El bebé, al oír la voz de su padre,* ***echó a andar.***

Llevar sin + infinitivo: cantidad de tiempo sin cumplir una acción.
Ej. *Mis primos* ***llevan dos años sin hablarme.***

Pensar + infinitivo: expresar planes.
Ej. *Isabel* ***piensa estudiar*** *Medicina.*

Volver + a + infinitivo: repetir una acción.
Ej. *Luis* ***ha vuelto a leer*** *Niebla.*

7 **Completa las frases utilizando una perífrasis de infinitivo.**

1 Augusto .... ir a ver a Unamuno en su ciudad.
2 Augusto .... mucho tiempo pensando en su futuro.
3 Cuando Augusto supo que Unamuno quería matarle, ... llorar.
4 Unamuno .... repetirle a Augusto que era un ente de ficción.
5 Augusto .... mucho tiempo sin tantas ganas de vivir.
6 Augusto, en ese momento, ... darse cuenta de que no existía.
7 Augusto .... matar al mismo Unamuno.
8 Unamuno .... tener paciencia y se enfadó.

8 **¿Qué quiere decir Augusto con la siguiente serie de infinitivos: «*No quiere usted dejarme ser yo, salir de la niebla, vivir, verme, oírme, tocarme, sentirme, serme*»?**

a ☐ Reafirmar su voluntad de vivir frente al descubrimiento de no estar vivo.
b ☐ Pedir a Unamuno que le permita suicidarse.

Expresión escrita y oral

9 **Al comienzo del capítulo, Víctor le da un consejo a su amigo Augusto. Subraya el fragmento correspondiente. A continuación, contesta a las siguientes preguntas.**

1 ¿De qué consejo se trata?

....

2 ¿Por qué se habla de la rana?

....

3 ¿Estás de acuerdo?

....

4 ¿Qué le aconsejarías tú en su lugar?

....

5 Y tú, ¿te has sentido "rana" alguna vez?

....

10 **En cierto momento la relación autor/creación/personaje se rompe y el mismo autor-creador, Unamuno, tiene miedo de Augusto y decide matarle definitivamente. Subraya la frase que te lo hace entender. Luego argumenta: ¿por qué se ha roto la construcción clásica de la novela? ¿Qué quiere decir Augusto con: «*Dios dejará de soñarle y volverá a la nada de que salió*»?**

EL RINCÓN DE LA CULTURA

LAS CELESTINAS

En la novela, Augusto dice que «hace falta una celestina». Una celestina es, normalmente, una vieja alcahueta, embustera y hechicera que, por ser vendedora de pequeños objetos como alfileres, sortijas y lazos, consigue entrar en casas y conventos donde ejerce su verdadera función, la de medianera entre muchachos y muchachas. En la historia de la literatura española aparece por pimera vez en el *Libro de buen amor* de Juan Ruiz, Arcipreste de Hita, y lleva el nombre significtivo de Trotaconventos. La vieja Trotaconventos conseguirá convencer a doña Endrina que acepte los amores de don Melón de la Huerta. Mucho más mala y traidora es Celestina, la verdadera protagonista de la obra *Tragicomedia de Calisto y Melibea* en la cual la medianera facilitará los encuentros amorosos entre los dos amantes llevándolos a la perdición y a la muerte y muriendo ella misma a mano de los criados de Calisto por su ambición y codicia.

Ahora contesta a las preguntas.

1. Busca el significado de “alcahueta”, “pregonera”, “embustera”.
2. ¿Qué vende una celestina?
3. ¿Dónde se encuentra por primera vez?
4. ¿Quién es más mala: Trotaconventos o Celestina?
5. ¿Qué características tiene Celestina?

Unamuno y el cine

AÑO: 1977
DURACIÓN: 79 min.
PAÍS: España
DIRECTOR: José Jara
GUION: José Jara (novela de Miguel de Unamuno)
GÉNERO: Drama

A menudo Unamuno hizo declaraciones sobre el cine y estas generalmente eran negativas. Habló mal de sus tecnicismos y de su influjo social, pero admitió, al mismo tiempo, que el cine «ayuda a aumentar la imaginación del público».

Aunque el mismo Unamuno afirmaba que «¡ninguna de mis obras es peliculable!», se inspira claramente en la novela la película *Las cuatro novias de Augusto Pérez*: Augusto se queda solo tras morir su madre y se enamora de la maestra de piano, Eugenia, huérfana y burguesita. Ella acepta casarse con él a pesar de estar enamorada del holgazán Mauricio porque así, con el dinero de Augusto, podrá pagar la hipoteca sobre la casa que le habían dejado sus padres. El reparto cuenta con el gran actor y director Fernando Fernán Gómez.

AÑO: 2006
DURACIÓN: 113 min.
PAÍS: EEUU
DIRECTOR: Marc Foster
GUION: Zach Helm
GÉNERO: Comedia

Aunque el guionista no declare si ha leído o no la novela, la película *Más extraño que la ficción* parece basarse en el capítulo más importante de toda la novela: es decir cuando Augusto acude a casa de Unamuno para consultarle sobre su propio suicidio y descubre que se trata solo de un ser de ficción. Los intérpretes de la película (Will Ferrell, Dustin Hoffman y Emma Thompson) son como títeres movidos por los hilos del determinismo y del realismo. Aquí también el protagonista rogará al autor que no escriba el final previsto, pero quizás esta vez el final será feliz.

1 Contesta a las siguientes preguntas.

1. En el cartel de *Las cuatro novias de Augusto Pérez*, ¿por qué crees que Augusto está abrazando al maniquí de una esposa?
2. En la segunda foto de la página anterior, ¿qué actitud tienen los dos personajes?
3. Mira la foto de los dos personajes de esta página. ¿Te imaginabas así a Augusto y a Eugenia? De no ser así, ¿cómo te los imaginas?

Antes de leer

1 A lo largo del texto encontrarás las siguientes palabras. Relaciona los nombres con las fotos.

a bisteque
b tintero
c nube
d colchón
e entierro
f rabo

1 ☐

2 ☐

3 ☐

4 ☐

5 ☐

6 ☐

2 Ahora completa las oraciones con las palabras del ejercicio anterior.

1 En el .... participaron pocas personas a pesar de que fuera un famoso.
2 Soy vegetariana: no me apetece ningún ....
3 Cada vez que Amarillo, mi perro, te ve, agita el ...., debes de caerle bien.
4 Tengo que cambiar el .... del cuarto de los niños: está viejo.
5 Lope de Vega, en sus andanzas, siempre llevaba pluma y ....
6 ¡Qué .... más oscura! Seguro que dentro de poco va a llover.

CAPÍTULO **9**

DOS MUERTES

quella misma noche Augusto partió en tren de esta ciudad de Salamanca con su sentencia de muerte en el corazón, procurando alargar su vida contando cada minuto, cada segundo. Todas sus desventuras (Eugenia, Mauricio, Rosario) desvanecían en la niebla. Ya no le importaban...

Al entrar en casa, Liduvina se preocupó porque le pareció un muerto.

—Ay, Liduvina, no estoy ni muerto ni vivo, yo no existo, soy un ente de ficción, como un personaje de novela.

—Pero ¿es que se ha vuelto loco? ¡Domingo, Domingo! —gritó Liduvina.

CAPÍTULO 9

—No estoy loco, Liduvina, soy, luego pienso.

—Tonterías de los libros, don Augusto, la cena está lista.

Al comienzo no tenía ganas de comer, mas a medida que iba comiendo, aumentaba el apetito y una rabia de comer.

—¡Liduvina, trae huevos, bisteque, fiambres,[1] siento un apetito voraz!

—¡Así, así me gusta! ¡Coma! El que no come, se muere —observó Liduvina.

—Y el que come, también —dijo tristemente Augusto.

Luego pensó: «Yo no puedo morirme, solo muere el que está vivo y yo, como no existo, no puedo morir, soy inmortal. El ente de ficción es una idea, yo soy una idea y las ideas no mueren».

—Liduvina, tráeme queso y pastas... y frutas...

—Esto me parece demasiado, señorito.

—Si como Liduvina, estoy vivo, ¡como, luego existo!

Liduvina fue a llamar a su marido porque estaba preocupada.

—Ay, Domingo, tengo miedo de acostarme —dijo Augusto.

—No se acueste, debe dar un paseo. Debe pasear la cena.

—Es que no tengo fuerzas...

—Entonces, póngase en la cama y yo me quedaré a su lado.

—Domingo, ponte a mi lado pero en un colchón, que sea cómodo, duerme, ronca, me sentiré más tranquilo. Pero antes tráeme papel y tintero...

Y Augusto escribió:

Salamanca.
Unamuno.
Se salió usted con la suya. He muerto.
Augusto Pérez.

1. **fiambres** : surtido de carnes frías y cortadas en rodajas.

—En cuanto me muera, la envías, ¿eh, Domingo? —dijo temblando Augusto.

—De acuerdo —dijo Domingo por no discutir—, pero le voy a calentar la cama.

—Gracias, tápame bien a ver si duermo un poco...

Y al poco rato agregó:

—¿Conoces a Unamuno?

—Sí, algo he leído de él en los papeles, dicen que es un poco raro, que se dedica a decir verdades que no hacen al caso...

—Pues, también Unamuno se morirá, y esta será mi venganza... soñar... morir... dormir.... pienso, luego soy. Soy, luego pienso. ¡No existo! ¡Eugenia... Rosario... Unamuno! —y se durmió.

Al poco rato se despertó, se incorporó en la cama, pálido, y gritando: «¡Eugenia! ¡Eugenia!», murió.

Llamaron al médico, pero de nada sirvió:

—Ha sido cosa del corazón...

—Yo creo que ha sido el estómago: cenó muchísimo... —dijo Domingo.

—Pues, yo digo que ha sido la cabeza: decía disparates... —observó Liduvina.

—El corazón, el estómago y la cabeza son la misma cosa... —agregó el médico.

—Yo creo que mi señorito quiso morir, se trata de suicidio, ponerse a cenar como cenó...

—¿Ha tenido disgustos últimamente? —preguntó el médico.

—Y grandes, muy grandes, ¡cosas de mujeres!

—Ya, ya, pero, en fin, ya no hay otro remedio que preparar el entierro.

Domingo lloraba.

Cuando recibí el telegrama comunicándome la muerte del pobre Augusto, me quedé pensando si había hecho bien en decirle lo que le había dicho y hasta me arrepentí de haberle matado, y pensé en resucitarle si era su deseo, de manera que se podía luego suicidar si era así su capricho. Y con esta idea me quedé dormido.

Después de un rato, me apareció Augusto en sueños; estaba blanco como una nube:

—Aquí estoy otra vez. Para despedirme de usted, don Miguel, y a mandarle, no a rogarle, a mandarle que escriba la nivola de mis aventuras —me dijo.

—¡Ya está escrita!

—Lo sé, y sé también que ha pensado en resucitarme para que luego me quite yo la vida, pero esto es un disparate... es imposible.

—¿Imposible? —pregunté.

—A los seres de ficción es fácil darles vida, pero resucitarlos, no. ¿Cree usted posible resucitar a don Quijote?

—¡Imposible! —contesté—. ¿Y si te vuelvo a soñar?

—No se sueña dos veces el mismo sueño. Mire, don Miguel, ya se lo he dicho, no vaya a ser que sea usted el ente de ficción, el que no existe en realidad, ni vivo, ni muerto; no vaya a ser que no pase usted de un pretexto para que mi historia, y otras historias como la mía corran por el mundo. Y luego, cuando usted se muera del todo, llevemos nosotros, los personajes, su alma. No, no, tranquilo, no se altere usted, que aunque dormido y soñado, aún vive. Y ahora, ¡adiós!

Y se disipó en la niebla negra.

Y aquí está la historia de Augusto Pérez.

CAPÍTULO **9**

Oración fúnebre por modo de epílogo

Suele ser costumbre, al final de las novelas, dar noticia de cómo corrió la suerte de los demás personajes, pero en este caso no se dará noticia de lo que ocurrió a Eugenia, Mauricio, a Rosario, a Liduvina, Domingo y Víctor, ni a don Fermín y doña Ermelinda, ni siquiera lo que pensaron de la muerte del pobre Augusto. A excepción de Orfeo, el perrito. Este se subió a la cama y se acurrucó a los pies de su amo. Al empezar a olfatearlo, se dio cuenta de que estaba muerto. Sintió en su pecho de perro que su mundo y su fe en la vida se derrumbaba, porque lo creía inmortal. Sintió una desesperación total: «¡Pobre amo mío! ¡Qué extraño animal es el hombre! No hay modo de saber lo que quiere, si es que lo sabe él mismo, siempre parece estar en otra cosa que en la que está, y luego habla o ladra de un modo complicado. Ha inventado el habla y eso le sirve para inventar lo que no hay y no fijarse en lo que hay. El lenguaje lo ha hecho hipócrita. ¡Pobre amo mío!».

Orfeo sintió venir una niebla temblorosa y fue hacia su amo saltando y agitando el rabo.

Domingo y Liduvina encontraron al pobre perro muerto a los pies de su amo. Al ver aquello, Domingo lloró, no sabemos si por su amo o por su perro:

—¡Y luego dirán que no matan las penas!

Después de leer

Comprensión lectora

1 En tu cuaderno, ordena las partes de cada oración, y luego marca el orden correcto de las secuencias.

- a ☐ pálido, / se incorporó / en la cama, / Al poco rato / y gritando / de Eugenia, / murió. / se despertó, / el nombre /
- b ☐ encontraron / perro / y / Liduvina / al pobre / de su amo. / muerto / a los pies / Domingo /
- c ☐ porque / estaba preocupada. / fue / a su marido / Liduvina / a llamar /
- d ☐ el apetito. / iba comiendo, / no tenía ganas / Al comienzo / mas / a medida que / de comer, / aumentaba / Augusto /
- e ☐ de cómo / Suele / de las novelas, / personajes. / dar noticia / corrió / al final / la suerte / ser costumbre, / de los demás /
- f ☐ Liduvina / Al entrar / Augusto / un muerto. / se preocupó / en casa, / porque / le pareció /
- g ☐ Llamaron / sirvió. / de nada / pero / al médico, /
- h ☐ como / Augusto / y / estaba blanco / Apareció / una nube. / de Unamuno / en los sueños /
- i ☐ hacia su amo / venir / el rabo. / una niebla / y fue / saltando y agitando / Orfeo / temblorosa / sintió /
- j ☐ partió / Aquella / con su sentencia / Augusto / en tren / de muerte. / misma noche / de Salamanca /

2 Busca los siete errores en la "Oración fúnebre".

Es insólito, al final de las novelas, dar noticia de cómo corrió la suerte de los demás personajes, así que en este caso no se hablará de lo que ocurrió a Eugenia, Mauricio, a Rosario, a Liduvina, Domingo y Víctor, ni a don Fermín y doña Ermelinda, ni siquiera lo que pensaron de la salida del pobre Augusto. A excepción de Orfeo, el perrito. Este se subió al tren y, al empezar a olfatearlo, se dio cuenta de que estaba todavía vivo. Sintió en su pecho de perro que su mundo y su fe en la vida se despertaba porque lo creía inmortal. Sintió una desesperación total. Orfeo sintió venir una tempestad temblorosa y fue hacia su amo saltando y agitando el rabo.

Comprensión auditiva

pista 18

3 **Escucha y completa la tabla. Escribe quiénes son los que hablan y cómo se explican la muerte de Augusto.**

	¿Quién?	¿De qué ha muerto Augusto?
1		
2		
3		
4		
5		
6		

4 **Y tú, ¿qué opinas? ¿Por qué crees que Augusto ha muerto? (Se admite más de una respuesta)**

a ☐ Unamuno ha decidido matarlo para reafirmar su poder creador.
b ☐ Augusto se ha suicidado tal y como deseaba.
c ☐ Augusto ha muerto por haber comido demasiado.
d ☐ Augusto ha muerto por la desilusión.
e ☐ Augusto, en realidad, no ha muerto: es un ser de ficción y, por lo tanto, no puede morir.

....

....

Léxico

5 **Elige una de las tres opciones que tenga significado equivalente al del fragmento resaltado en negrita.**

1 Al comienzo no **tenía ganas de** comer.
- **a** ☐ le importaba
- **b** ☐ le apetecía
- **c** ☐ le dejaban

2 Ha comido demasiado. Debe **pasear la cena**.
- **a** ☐ dar un paseo
- **b** ☐ cenar menos
- **c** ☐ digerir la cena

3 Dicen que es **un poco raro**, que se dedica a decir verdades que no hacen al caso...

a ☐ falso

b ☐ extraño

c ☐ frecuente

4 ¿Ha tenido **disgustos** últimamente?

a ☐ decepciones

b ☐ repulsiones

c ☐ quejas

5 **Suele ser costumbre dar noticia de cómo corrió la suerte** de los demás personajes.

a ☐ Es normal decir qué les ha pasado a los otros personajes.

b ☐ Es normal contar adónde han ido los otros personajes.

c ☐ Es insólito comunicar qué les ha sucedido a los otros personajes.

6 Sintió en su pecho de perro que su mundo y su fe en la vida, se **derrumbaba**.

a ☐ terminaba

b ☐ empujaba

c ☐ deshacía

Gramática

Algunos verbos + preposiciones

- acercarse a
- acordarse de
- alegrarse de/con/por
- atreverse a/con
- cambiar de/en/con/por
- comenzar a
- confiar en
- contar con
- creer a/en
- cumplir con
- disfrutar de
- empeñarse en
- encontrarse con
- enterarse de
- fijarse en
- invitar a; ir a/de
- negarse a
- oler a
- olvidarse de
- parecerse a
- pensar en
- preguntar por
- preocuparse de
- quejarse de
- saber a
- soñar con
- sorprenderse con/de
- subir a
- tardar en
- viajar a

6 **En el capítulo hay muchos verbos que van acompañados de preposiciones; subráyalos, luego elige 4 de ellos e inventa una frase para cada uno.**

....

....

....

....

7 **Completa con la preposición adecuada.**

1 Aquella noche Unamuno soñó .... la sombra de Augusto.
2 Orfeo comenzó .... olfatear a su amo.
3 Unamuno pensó .... lo que había hecho y sintió arrepentimiento.
4 Orfeo se negaba .... admitir que su amo estaba muerto.
5 Todos en casa de Augusto se preguntaban .... la causa de su muerte.
6 Domingo y Liduvina llamaron .... médico que fue .... ver a Augusto.
7 El final de la historia sabe .... lágrimas y tristeza.
8 La muerte del perrito no tardó mucho .... llegar porque confiaba mucho .... su amo.

Expresión oral y escrita

8 **Vuelve a leer lo que el perro Orfeo piensa de los hombres.**

1 ¿Estás de acuerdo con lo que opina?

....

2 ¿A qué se refiere diciendo que «el hombre ha inventado el habla y eso le sirve para inventar lo que no hay»?

....

3 ¿Por qué crees que Unamuno ha elegido al perro para que cierre el libro con sus palabras?

....

4 ¿Crees que sienten más pena los humanos que rodean a Augusto u Orfeo, un animal? Hay un fragmento final que resulta bastante irónico en este sentido. ¿Cuál es?

....

9 Imagina un brevísimo diálogo entre los "fantasmas" de Orfeo y Augusto.

EL RINCÓN DE LA CULTURA

PIRANDELLO Y YO

En 1923, Unamuno escribió un breve ensayo que publicó en *La Nación* de Buenos Aires el 15 de julio de 1923, en el que confirmaba la estrecha relación entre los principios de *Niebla* y los escritos de Pirandello, a quien descubrió en una crítica a la traducción italiana de la novela unamuniana. Unamuno hace referencia a la filosofía estética de Pirandello, que se basa en la contraposición entre lo real y lo ideal. Predomina en ambos la importancia, la inmortalidad de la idea frente a la realidad ya que, afirma Unamuno, por boca de Augusto: «Pero, ¡no, no! Yo no puedo morirme, solo muere el que está vivo y yo, como no existo, no puedo morir, soy inmortal. El ente de ficción es una idea, yo soy una idea y las ideas no mueren». La relación entre los dos autores se basa en el mismo afán, en las mismas tensiones que los llevan a investigar sobre las diferentes y múltiples identidades del hombre moderno. El mismo Unamuno declara sus esfuerzos para sobrevivir, entre angustias de todo tipo, al igual que su creación, Augusto. De ahí que ambos autores rompan las reglas de la literatura tradicional a través de los débiles límites entre creador-autor-creación.

Ahora contesta a las preguntas.

1. ¿Qué escribió Unamuno en 1923?
2. ¿Con qué autor italiano descubrió puntos comunes?
3. ¿A qué filosofía se hace referencia?
4. ¿Quién "gana" entre la realidad y la idea? ¿Por qué?
5. Resume los principios que los dos autores tienen en común.

1 Observa las ilustraciones siguientes y escribe el orden cronológico según aparecen en la novela.

2 Mira las ilustraciones del ejercicio anterior y asocia cada frase con su ilustración.

1 ☐ ¡Ay, mi Pichín! Gracias, caballero, suba.
2 ☐ ¡Yo estoy enamorada de Mauricio, él es un hombre!
3 ☐ Buenas tardes, don Augusto, creí que quería usted decirme algo...
4 ☐ Un paraguas cerrado es tan elegante como es feo uno abierto.
5 ☐ Liduvina, ella me ha matado.
6 ☐ ¿Cómo? ¿Me va usted a matar? ¿Va a hacerme morir?

Comprensión lectora

3 Elige una de las tres opciones.

1 Augusto vio por primera vez a Eugenia en...
- a ☐ casa de sus tíos.
- b ☐ la calle.
- c ☐ el casino.

2 ¿Qué animal hace que Augusto conozca a Eugenia?
- a ☐ un perrito.
- b ☐ un águila.
- c ☐ un canario.

3 Cuando Augusto va a casa de Eugenia se siente...
- a ☐ tranquilo.
- b ☐ nervioso.
- c ☐ seguro de sí mismo.

4 Augusto le dice a Rosario que...
- a ☐ está enamorado de ella.
- b ☐ está enamorado de otra.
- c ☐ no está enamorado.

5 Mauricio es un...
a ☐ vago. b ☐ trabajador. c ☐ impulsivo.

6 Cuando Eugenia cambia de opinión propone a Augusto que sean...
- a ☐ novios.
- b ☐ marido y mujer.
- c ☐ amigos.

7 Eugenia le comunicó a Augusto que se había escapado a través de...
a ☐ una carta. b ☐ la portera. c ☐ sus tíos.

8 Augusto descubre que él es un ser...
- a ☐ de carne y hueso.
- b ☐ de ficción.
- c ☐ soñado.

9 Al final de la novela ¿quién muere?
- a ☐ Augusto y Unamuno.
- b ☐ Augusto.
- c ☐ Augusto y Orfeo.

Léxico

4 **Augusto llama Orfeo al cachorro. Antes de leer la breve descripción de Orfeo, escribe el nombre que le corresponde a cada uno de los siguientes personajes mitológicos.**

Jasón	Perseo	Prometeo	Orfeo	Teseo

a El que mató a Medusa. ....

b El que regaló el fuego a los hombres. ....

c El que consiguió el vello de oro. ....

d El que bajó al infierno. ....

e El que enfrentó y ganó al Minotauro. ....

5 **Ahora lee y di por qué, en tu opinión, Unamuno ha elegido ese nombre.**

Orfeo

Orfeo pertenece a la mitología griega. Sabía tocar la lira y, cuando tocaba, los hombres se reunían a su alrededor para oír su música celestial capaz de dar la paz a sus almas. Se enamoró de la hermosa Eurídice y, para salvarla, bajó al infierno, donde logró dormir al terrible perro de tres cabezas: Cerbero.

6 **Sopa de letras: ordena las sílabas para formar palabras, luego escríbelas al lado del nombre del personaje que crees que tiene esa característica.**

a	ro/te/sol	**1**	☐	Augusto ....
b	na/huér/fa	**2**	☐	Eugenia ....
c	ri/ca/so/ño	**3**	☐	Mauricio ....
d	ma/ble/a	**4**	☐	tía Ermelinda ....
e	tra/la/rio/fa/es	**5**	☐	tío Fermín ....
f	dul/gan	**6**	☐	Orfeo ....

7 **Vuelve a leer el capítulo 8 y luego subraya la opción correcta entre las dos.**

Y (**1**) *salió / entró* Víctor dejando a Augusto muy (**2**) *enfadado / confundido.*

Y aquella tempestad que sentía en el alma terminó en la (**3**) *elección / decisión* firme de suicidarse. Pero antes de llevar a cabo su

(**4**) *propósito / idea*, como el náufrago que se agarra a una tabla, (**5**) *decidió / pensó* consultarlo con el autor de esta historia, porque había leído Augusto un (**6**) *libro / ensayo* mío en el que hablaba del suicidio, aunque de pasada. Así que viajó a Salamanca y se presentó en mi (**7**) *casa / estudio*. Con una sonrisa (**8**) *misteriosa / enigmática*, lo invité a mi despacho-librería. Empezó hablándome de mis obras literarias demostrando conocerlas bien, y luego me contó sus (**9**) *problemas / desgracias*. Le interrumpí diciéndole que ya lo sabía todo, incluso los más mínimos pormenores. Me miró con ojos de (**10**) *terror / miedo*.

Gramática

8 **Completa las oraciones con una de las tres opciones propuestas.**

1 Al ver el rostro de Eugenia, Augusto se .... rojo como un tomate.
a ☐ convirtió **b** ☐ hizo **c** ☐ puso

2 Todos los días Augusto .... debajo del balcón de Eugenia y un día .... una jaula con un pajarito.
a ☐ paseaba/se cayó **b** ☐ paseó/se cayó
c ☐ paseaba/se caía

3 Cuando Augusto terminó de contarle a Víctor lo de Eugenia, este ya .... todo el asunto.
a ☐ entendió **b** ☐ había entendido **c** ☐ entendía

4 Cuando Augusto haya pagado la hipoteca, Eugenia ya se .... con Mauricio.
a ☐ escaparía **b** ☐ había pagado **c** ☐ habrá escapado

5 Rosario .... con mucho gusto la propuesta de hacer un viaje con Augusto.
a ☐ aceptaría **b** ☐ acepte **c** ☐ aceptaba

6 Tal vez Eugenia se .... de lo que le dijo a Augusto.
a ☐ había arrepentido **b** ☐ arrepentiría **c** ☐ arrepienta

7 ¡Cuando estemos casados, Augusto, ... del perro!
a ☐ deshaz **b** ☐ deshazte **c** ☐ deshaces

8 Augusto .... ir a ver a Unamuno para pedirle consejo.
a ☐ deja de **b** ☐ echa a **c** ☐ piensa

9 Orfeo confiaba .... en su amo.
a ☐ por **b** ☐ en **c** ☐ con

Expresión oral y escrita

9 **Contesta las siguientes preguntas.**

1 ¿Te ha gustado la novela? ¿Por qué?

....

2 ¿Ya has leído algo parecido?

....

3 Escribe una frase del libro que te ha gustado.

....

4 ¿Le aconsejarías a un amigo la lectura de esta novela? ¿Por qué?

....

5 ¿Piensas que es posible separar la realidad de la ficción en literatura?

....

6 ¿Crees que el título *Niebla* es adecuado? Anímate y busca otro título.

....

10 **Elige un personaje que te ha gustado o interesado, busca su ilustración y descríbelo con todo lujo de detalles.**

11 **¿Qué te ha parecido el final? ¿Te ha gustado, sorprendido? Inventa un final diferente.**

12 **Haz un breve resumen de los hechos principales del texto.**